妙好人列伝

―熊谷守一はなぜ妙好人なのか―

イチリンソウ

目次

まえがき——「何歳の子供の絵ですか」——

晩年の二十年間はほとんど自宅から出ることがなく、寒い時期は冬眠状態で、春暖かくなると、夜の一〜二時間、画室にこもる生活を送っていた画家がいます。まるで仙人です。熊谷守一《くまがいもりかず》（1880〜1977）です。

午前中は、両手に杖を握って庭を歩き、昆虫だの草花などを眺め、スケッチするのが日課だったと伝えられています。足腰が弱っているので庭の所々に腰掛けが設置されていました。午後は夕方まで昼寝です（『へたも絵のうち』平凡社、2000年、11頁）。七十六歳のとき、脳卒中の発作が起きて、めまいのために外出ができなくなったようです。それでも昭和五十二（1977）年、九十七歳の長寿を全うしました。守一の晩年は映画『モリのいる場所』（2017）で映像化されています。守一役は山崎努、守一夫人は2018年に病死した樹木希林が演じています。なお、テレビ番組で、余命わずかになった頃、樹木希林はどんな悪女も自分と無縁な人間とは思えない、と述懐していました。つまり、一歩間違えば、自分も悪女として刑務所に入ってもおかしくない、という所感です。このような悪人観は、後述するように、浄土真宗の篤信者、つまり、妙好人《みょうこうにん》に目立つものです。樹木希林には妙好人を想わせるような思考回路があったといえそうです。ただし、本書では、もっぱら熊谷守一が実は仙人ではなく、妙好人であったのではないかという問題を扱います。

映画『モリのいる場所』の冒頭は、昭和天皇が展覧会で「これは、何歳の子供が描いた絵ですか」と美術館の館長に尋ねている場面です。守一が六十九歳のときに描いた《伸餅《のしもち》》という作品でした。

一見して、座布団が三枚敷かれているように見えます。一枚には何やら櫛のようなものが置かれていますが、櫛とすれば不自然に大きく見えます。表題が付けられていなければ、何の絵か分からないでしょう。守一の絵は単純化された線と平面と色彩から成り立っているので、子供の書いた絵のように見えますが、このような作風が固まったのは戦後、守一が七十歳に近づいたころでした。説明役の宮本三郎は天皇に「七十幾つの年寄りの絵です」と答えたそうです。天皇はこの絵のことがずいぶん印象にのこったようです。十五年後に、岐阜県庁にあった熊谷の「岐阜」という大きな書を見て、「その人、知っている」と、お答えになったそうです（熊谷守一『蒼蠅』求龍堂、増補改訂版、２０１４年、90頁）。

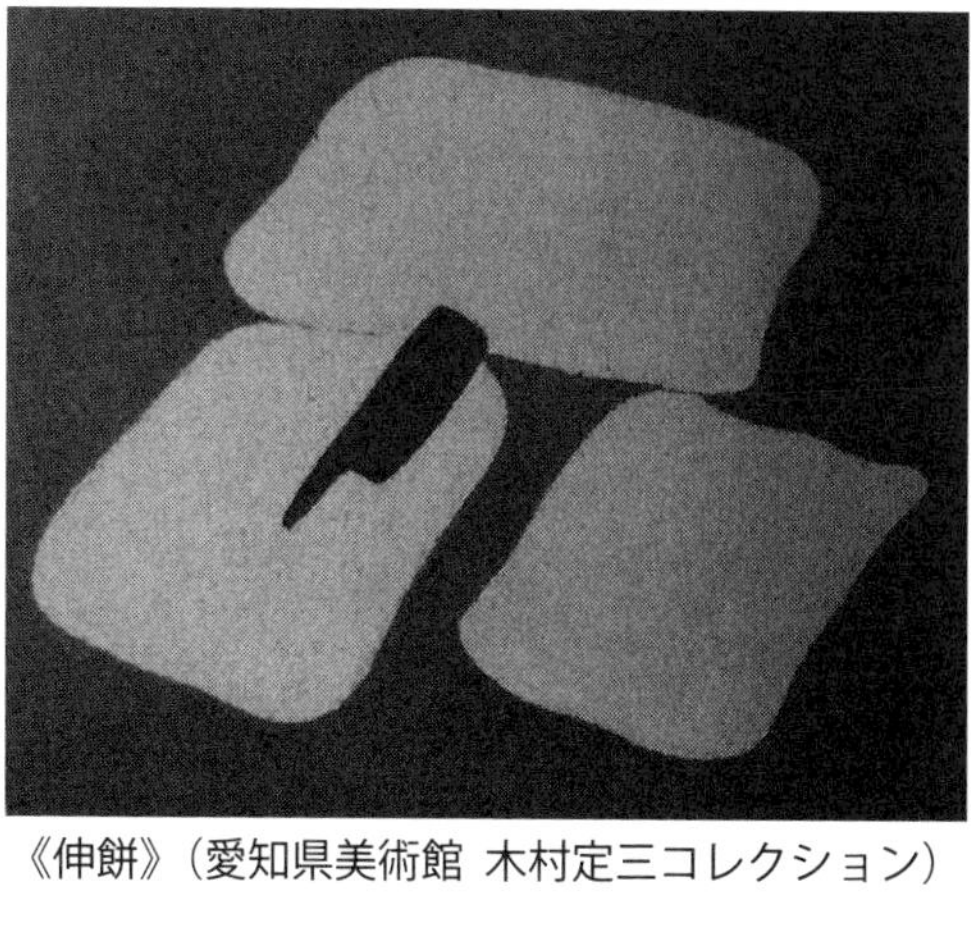

《伸餅》（愛知県美術館 木村定三コレクション）

昭和天皇の逸話と似たことは多くの展示会でみられました。守一の芸術の理解者でそのコレクターであった木村定三は守一を「九十歳の老翁にして、かくも巧みに小学生に扮し得る」と、評しています。守一の絵には年齢の区別を超越したところがあり、「当初は一般人にはその価値を理解できず、幼稚な画か訳が解らない画のように」見えたのです（木村定三〔編〕『熊谷守一作品撰集』日本経済新聞社、

1969年、解説編　2頁)。また、守一の人物像についても、老人でありながら、子供のような感性がしばしばあらわれるので、一筋縄ではとらえにくいのですが、老齢であるにもかかわらず、その目が童子のようにやさしく澄んでいることを多くの人が口にします。

守一は子供好きで知られ、動植物を愛しました。花は一重が好きでした。華美なものは避け、犬よりも猫を愛しました。「犬はあまり人間に忠実なので、観るのがつらくて飼ったことはありません」(『蒼蠅』21頁)、と野性を抑えて不自然に生きざるを得ない犬に同情しているようです。守一の動植物への好みは一貫したものでした。

秀子夫人は守一の人物像について、「主人がうれしそうにしていたことといえば、庭の隅に池を掘っていたときや、道ばたに積んである砂利の山から拾ってきた、なんでもない石っころを宝物のように終生大事に可愛がっていたことでしょうか。主人にとって、何が価値あるもので、美しいものか、とうとう私にもわからずじまいでした」(熊谷秀子〔談〕「亡夫守一のこと」『アサヒグラフ別冊　美術特集　熊谷守一』朝日新聞社、1978年、86頁)と、長年連れ添った夫人にも理解しがたいところがあったと述べています。まるで遊びに興じる幼児のようで、その心のうちを推し量るのは常人には難しいのでしょう。守一も、道路工事の現場で拾った小石を気に入って大切にしていたのですが、「今までにこれを見て、誰一人として『いいですね』と言ってくれた人はいません。わたしのいいものと、人のいいものとは違うんですかね(下略)」と、いいます(藤森武『獨楽《どくらく》　熊谷守一の世界』世界文化社、２００４年、１４６頁）。

なお、本書で、熊谷守一の代表的な著作『へたも絵のうち』（平凡社、２０００年）、『蒼蠅《あおばえ》』（求龍堂、２０１４年、増補改訂版）の二冊を度々引用しました。その際、書名と頁数のみを表記したことをお断りします。引用文中に今日の人権意識に照らして不適切と思われる表現がありますが、筆者が故人で、差別助長の意図で使用されたものでないこと、また時代背景などをも考慮し、そのままとしました。

守一は良寛に似ていると評されます。その良寛の詩歌・書簡について、『定本良寛全集』全三巻、内田知也・谷川敏朗・松本市壽〔編〕（中央公論新社、２００６—７年）から引用し、解釈も参考にしました。

「熊谷守一と秀子夫人」（岐阜県歴史資料館蔵）

第一章　良寛、熊谷守一は妙好人だったのか

宗派とは無関係な妙好人

ふつう、「妙好人」といえば、浄土真宗（以下、「真宗」と略します）の在俗の篤信者《とくしんしゃ》（信心ふかい人）をさします。文字もろくに知らない、貧しい人達でした。真宗は幾多の妙好人を在俗の信者から出したことで高く評価されます（柳宗悦「妙好人の存在」『柳宗悦　妙好人論集』岩波文庫、1991年、155頁）。真宗以外の宗派で妙好人を出したところはほとんどないといわれます（その理由については、本書第三章の【柳宗悦の「妙好人」論——浅原才市——】参照）。

本書では、真宗という枠をはずし、「妙好人」をなるべく広くとらえ、特定の宗派に属さない人にも妙好人にふさわしい人物がみられることを具体的に述べたいと思います。ただし、妙好人をただの「有難屋《ありがたや》」のようにとらえることはしません。「有難屋」とは、神仏をやたらと敬う気持ちがあるのですが、自省心に欠ける人のことです。こうした人は都合の悪いことがおきたときには、「有難い」とは言いません。また、幸運に恵まれて、「有難い」と思っても、その思いは長続きしません。すべてが自己都合で回っていて、自らを反省する心がないのが有難屋です。したがって、謙虚・感謝とも縁が遠く、妙好人とはいえません。さらに、「疑うことを知らないお人好し」の意味で妙好人をとらえることもありますが、これは世俗道徳的な評価で、宗教的な裏付けはありません。

なお、篤信者であることが妙好人の条件であれば、妙好人と目される僧侶が多くいてもおかしくありません。しかし、これまで僧侶が妙好人として敬われた例はほとんどありません。僧侶を職業的な存在とみなす立場からみれば、僧侶が妙好人であってはおかしいのです。職業的な「妙好人」はありえません。また、僧侶は一般門信徒の上に位置し、指導的な役割をはたすことが求められます。これに対し、妙好人は在俗の平信徒です。僧と妙好人とでは教団内の地位が違います。伝統的に、妙好人は教団を下から支える門信徒のうち、特に篤信の者をさします。

また、妙好人が善知識（先生・指導者）として崇められる風潮を僧侶が快く思わなかったという歴史もありました。妙好人伝の中には、凡僧が妙好人にやり込められる話が載せられていたりするのですが、これは僧侶にとっては不快の極みでしょう。たとえば、「讃岐の庄松」や「三河のおその」の法義談に、そのような逸話がみられます（本書第三章でふれます）。「おその」や讃岐の庄松の言行録が、僧侶ではなく、在家の編集者によってまとめられたことから、僧侶の立場がそこなわれてしまう逸話が混入した、とも考えられます。とにかく、妙好人と僧侶は微妙な関係にありました。

本書第三章の【「妙好人」と『妙好人伝』】でふれますが、十八世紀頃、篤信の在家信者を讃える動きを教団が糾弾するという「事件」が何度か起きています。「同行（信徒）を鏡とする」「善知識は在家に限る」という考えは危険思想でした。また、教団の学問は、妙好人を研究対象にすることに冷淡でした。そこには平信徒を見下す態度があったとされます。

妙好人は、無学で貧しく、労働にはげむ篤信の在家信者で、本山を崇敬するなど、教団にとって都合の良い存在であるかぎり讃えられましたが、同時に「当時の教団には、信仰心の強い、活発な在家者（＝妙好人）による教化活動に制限を加えようとする動きがあったとしても不思議でない」と、児玉識氏は妙好人の置かれていた状況を指摘します（児玉識「『妙好人』および『妙好人伝』研究の経緯」『大系真宗史料　伝記編8　妙好人伝』法蔵館、２００９年、４５１頁）。

　僧侶は寺院に住み、経典を読誦し、金襴の法衣を着て、階級にしたがって着座・出仕することから、妙好人と僧侶の生活は正反対ともいえます。寺に住むだけでも、妙好人の姿から遠ざかるのは皮肉です。真宗の宗祖・親鸞は寺院を持つことを避けたといわれます（覚如『改邪《がい》鈔』第九条）。僧侶の実態は宗祖の「非僧・非俗」の理念とはだいぶずれています。たいていは、世渡りの方便として僧侶をやっているとも指摘されます。篤信であることだけが望まれる妙好人は親鸞の姿に近いのです。僧侶と妙好人は両立しにくいわけです。柳宗悦は「真宗素描」（『前掲書』54頁）で「真宗に僧侶があるのがもともとおかしい」と、述べています。真宗が宗祖の理念から遠ざかり、他の宗派と同じように、寺院仏教になったことを柳は嘆いています。「寺院を廃して道場に戻し、僧侶を止めて居士に帰ることを望む」（57頁）と、原始真宗への回帰を主張します。居士とは「平の在家の信徒」のことです。

　柳は、僧侶が居士として寺院ではなく道場に住むことで、真宗の真価が発揮され、妙好人が輩出されることを期待するのですが、僧侶にしろ、居士（在家）にしろ、当人の宗教人としての意識内容が問題です。篤信者は多くはありません。稀有である故に、かれらは「妙好人」と讃えられるわけです。「妙好人」の典型は近世末期から近代にかけて成立した『妙好人伝』にあらわれる在俗の篤信者です。

以下、そうした篤信者と画家・熊谷守一を比較し、守一が妙好人の一面を雄弁にあらわす人物であることを伝記的な資料によって示します。守一は特定の宗派に属してはいません。

さらに、良寛を「妙好人」とみる立場も考慮します。基本的に、良寛は禅宗の僧として出家しているので、妙好人とするのは問題ですが、妙好人とみなせる根拠もあります。しかも、熊谷守一と良寛には類似するところが多いのです。なお、本書第三章で、妙好人の定義の変遷についてふれます。「真宗の篤信者」という旧来の定義をゆるめると、良寛や熊谷守一は、「妙好人」の中核ではないにしても、とにかく、妙好人の中に含まれるようになります。

ところで、熊谷守一を「仙人」だとか「天狗」だとかとする評が珍しくありませんが、妙好人とみる向きはまずありません。

第一章では、守一と良寛の類似点を指摘し、二人が妙好人と考えられる理由を述べます。第二章では守一の生涯を追い、妙好人であることをできるだけ具体的に裏付けることにします。旧来の妙好人像の特質については、第三章「近代妙好人・因幡《いなば》の源左《げんざ》」で述べます。さらに、源左がもつ妙好人の特質の多くを良寛、守一が共有することを指摘します。

妙好人の特性

ここで、あらかじめ、妙好人の特質と考えられるものをあげておきます。本書で扱った妙好人と評される人達の言動から抽出したものです（妙好人のリストは本書の末尾にあげました）。
①所有欲・名誉欲が希薄であること。②生命を尊重し、動植物、子供などに対する慈悲・共感の心を持つこと。③内省力・罪業感が強いこと。④阿弥陀仏（宇宙の摂理）による救済を信じ、不平不満を仏（摂理）の慈悲への感謝に逆転すること。つまり、「ありがたい、もったいない」という感謝の念が強いこと。⑤働き者であること。これらの特性のすべてが守一や良寛にそのまま当てはまるわけではないのですが、二人には①、②が顕著にみられます。さらに付け加えると、⑥「還相的《げんそう》」人格であることでしょうか。その人に接触すると、清々《すがすが》しい気持ちになる、そのような人格のことをいいます。守一と良寛が還相的な人格の持主であったことは、以下、具体的に述べて行きます。
なお、浄土教の概念に「往相《おうそう》」と「還相」があって、浄土往生を可能にする作用を「往相」、浄土に往生した後にこの世に還り、人々を浄土に誘う作用を「還相」といいます。つまり、浄土に往生したくなる気持ちにさせる作用を身に備えているのが、「還相的人格」です。ただし、本書では、死後に浄土に往ってこの世に還ることを必ずしも想定しません（本書第一章の【まとめ―「還相的人格」―】参照）。妙好人の持って生まれた「還相的な作用」が多くの人の心を浄化することもあります。この人格特性は①および②の生活から培われるものでしょう。⑤の「働き者」については、源左や物種吉《ものだね》兵衛の言行録に、労働が如来への報謝に外ならないという考えがみられます（本書第三章の【柳宗悦の「妙好人」論】参照）。

なお、楠恭・金光寿郎（『妙好人の世界』法蔵館、１９９１年、26頁）は、妙好人の一般特質として、「生命の尊重、謙虚さ、自己省察力の強さとその持続性、感謝感恩の心」などをあげています。上記の六項目とそれほどの違いはありませんが、⑤と⑥の特性にはふれていません。また、釋徹宗（「真宗における宗教的人格―妙好人の人間像を訪ねて―」『妙好人研究集成』法蔵館、２０１６年、所収）も同様の特性をあげています。「世界観が一大転換する」こと、「自己を超越した存在からの働きかけを体験する」ことが、宗教的な人格特性であるとの指摘があり、全部で四つの特性があげられています。

仙人か天狗か

守一は「仙人」とか「天狗」とか呼ばれました。「仙人」については、守一の日常生活を知ればすぐに納得できますが、「天狗」についてはすこし説明の要があります。守一は、若いころ木曽の山奥から上京し、「ミケランジェロとかロダンなんてつまんない芸術家だ、ゴッホなんかより長谷川利行の絵の方がいい」（『蒼蠅』１４９頁）などと大言壮語したことから、「天狗」と名付けられた、とされます。長谷川利行《としゆき》（１８９１―１９４０）は大酒飲みの画家でしたが、守一とは相性が良かったようです。昭和四十九年、守一は長谷川の和歌を書にかいています。長谷川の人格をよくあらわす歌でしょう――「鼠らが佛に活けし南天の實を食ふ春の夜はふけたり」。

それと、東京で、橋の欄干の上をカルサンに朴歯《ほおば》の下駄をはいて渡って見せたことから、木曽の山出しの「天狗」と思われたそうです。カルサンは木曽の山仕事をする人が下半身に着ける作務衣です。これを守一は最晩年まで愛用していました。運動神経が発達していることもあり、綱渡りをやって見せたともいいます（『蒼蠅』164頁）。木曽から上京してきた頃の話でしょう。針金を渡るのは楽で、綱は伸びちぢみするのでむずかしいといいます。展示会（二科展）に出品するのに、四号ほどの小さな板きれに描いた絵ばかり出したので、これは「天狗の落とし札」と評されたそうです。若いとはいっても、守一は三十五歳を過ぎていました。大正五年頃の話です。

「そのうち天狗は仙人ともいわれるようになる」（向井加寿枝『赤い線　それは空間　思い出の熊谷守一』岐阜新聞社、1996年、116頁）のですが、守一自身は「仙人」と呼ばれるのを、警戒していています。人が「仙人」と呼ぶと、「ああこの人は何かよくないことをたくらんでいるのかな」（『へたも絵のうち』41頁）と、思うのだそうです。守一を「仙人」扱いにすることで、自分の利益をたくらむ輩《やから》がいて、その被害をうけた経験が何度かあるのだそうです。二科会にいたとき、「都合のいいときだけ『仙人来てくれ。』といわれ、都合の悪い場合は『仙人はいらない。』といわれて人間扱いされなかった」（『蒼蠅』148頁）と、言います。「二科の会員の仲間が、モリのことを『お前は仙人だから。』とおだて出すと、きまって金銭的に自分たちに都合のいい話を決めるときなのだそうだ」（熊谷榧「熊谷守一　もの語り年譜」『蒼蠅』所収、282頁）とのことです。守一は金銭欲、所有欲がきわめて希薄であったことから、それにつけこんで仙人扱いされたのです。次女の榧《かや》は「大切にしているパイプでも花でも、人が欲しいというと、自分の持っているものを人にやる」（熊谷榧「前掲年譜」『蒼蠅』所収、２８２頁）と、守一の無欲ぶりを語ります。妙好人の特性①にあたります。それと、二科の審査で、「へたな絵も取り上げるように」と守一が持論を言っても、「『あの人は仙人だから』とその真意を聞こうとさえもしなかった」（向井加寿枝『前掲書』１１６頁）ということがあったそうです。「仙人」扱いされることで、まともに対応してもらえませんでした。

二科は文展から派生した新しい洋画をめざす集団で、二科展は大正三（１９１４）年に開かれ、守一は翌年の第二回展から二科会が解散する１９４４年まで三十年ほど出品します。守一は大正三年には山暮らしの最中でした。守一が二科会員に推挙されたのは大正五年で、「当時、画家を志す青年たちにとって（中略）二科の会員になったりするのは夢のまた夢であった」（田村祥蔵『仙人と呼ばれた男』中央公論新社、２０１７年、１５３頁）とされるですが、守一はそれを名誉に思うどころか、二科展に出品するのを重荷に感じていたようです。守一はきわめて寡作でした。

ところで、すでにふれたように、守一はその風貌や生活ぶりから面白半分に仙人とか天狗とか評されましたが、「妙好人」とする見方はまずみられません。一つには、「妙好人」はふつう真宗の篤信者を指すのですが、熊谷守一が真宗の宗風の中で育ったという情報もないので、「妙好人」とするのはやや奇異な見方なのかも知れません。ただし、「守一は、良寛になぞらえられることが多い」（田村詳蔵『前掲書』１９９頁）とされ、さらに、良寛を妙好人と見る向きもあります。たしかに、守一と良寛はかなり似かよったところがあります。俗世間の損得勘定を離れて、気ままに生を楽しんだ側面が良寛の長歌にもみられます（本書第二章の【まとめ――命をあじわう――】参照）。

子供が好き

以下に紹介する長歌「あづさ弓……」にみられるように、良寛は子供心と同化できるおおらかな心情の持主でした。子供と同じ次元の心に戻るのが良寛にとってここちよかったのでしょう。守一は、子供、特に生まれたての赤ん坊が好きだったと伝えられています。あるがままの自然な姿がよかったのでしょう。「わたしは赤ん坊が好きです。赤ん坊の泣いているのは景気がよくていい。大きくなると嘘を覚えてもういけません」と言います（『無一物――熊谷守一の書』世界文化社、１９９７年、１１５頁、〔初出〕『熊谷守一　人と作品』１９７８年、非売）。守一は、ウソを言わない生きものが好きだったのですが、「人間のほうは、もの心がつくとウソをつくからいやになってしまうんです」とも言います（藤森武『前掲書』世界文化社、２００４年、１２６頁）。

青年・守一は東京・千駄木の下宿を去って裏木曽の付知《つけち》に向かうさい、下宿先の子供と楽しく遊んだ日々があったことを日記（明治四十三〔１９１０〕年十月三十日付）に書き記しています（『守一ののこしたもの』岐阜新聞社、２００４年、１７８頁）。守一は概して人付き合いが良くないようにみられていたようですが、子供好きであることに違いはありません。付知でも、留守にするときには戸をしっかり締めて、住居にはだれも入れさせなかったといわれますが、小さな甥《おい》っ子だけは例外でした（『へたも絵のうち』102頁）。妙好人と目される人達は子供好きが多いようです（本書第三章の【殺生をきらう】参照）。

村里の子供たちと遊ぶ良寛の長歌をあげます。

あづさ弓　春さり来れば　飯乞《いひこ》ふと　里にい行《ゆ》（け）ば　里子《さとこ》ども　道のちまたに　手まりつく
我も交《まじ》りぬ　そが中に　一二三四五六七《ひふみよいむな》　汝《な》がつけば　我《わ》は歌ひ　我が歌へば　汝はつき（て）
つきて歌ひて　霞立《かすみた》つ　永き春日《はるひ》を　暮らしつるかも（五合庵時代）
〔大意〕春がやってきたので、托鉢しようと思って村里に行くと、村の子供たちが道の辻で手毬をついて遊んでいる。その中に自分も仲間に入り、一二三四五六七と毬をつく。子供が毬をつくと、私は手毬歌をうたい、私がうたうと子供が毬をつき、ついてうたって、長い春の一日を過ごしたことよ）

このように、子供たちと遊びほうけることを楽しみにした良寛は、俗世間との交流が苦手で、ひとり遊びが性に合っているという歌をのこしています。五合庵時代の歌「世の中に　まじらぬとにはあらねども　ひとり遊びぞ　我は勝れる〔大意〕世間とは付き合わないことはないが、ひとりで楽しんでいることが、私にはよいと思われる）がそうです。守一にも同じ性癖が見られます。『へたも絵のうち』（159～160頁）に、これを告白する部分があります。

気に入らぬことがいっぱいあっても、それにさからったり戦ったりはせずに、退き退きして生きてきたのです。ほんとうに消極的で、亡国民だと思ってもらえればまず間違いありません。

私はだから、誰が相手にしてくれなくとも、石ころ一つとでも十分暮らせます。石ころをじっとながめているだけで、何日も何月も暮らせます。監獄にはいって、いちばん楽々と生きていける人間は、広い世の中で、この私かもしれません。

ところで、子供を育てるのはただ可愛いだけではすみません。守一は、五人の子供のうち三人を病気で失う過酷な体験にみまわれています（本書第二章の【《陽の死んだ日》】参照）。子供たちは生まれつき病弱で、それを苦にしたこともあり、守一は画業にはげめませんでした。良寛は出家の沙門で、子供はいなかったのですが、ともに遊んだ子供たちがはやり病で死亡したことを思い起こして、悲しみの涙を流す歌が多くみられます。一首をあげます――「ひたし親に代はりて　かい撫でて　負ひてひたして　乳《ち》ふふめて　けふは枯野に　送るなりけり（〔大意〕育て親に代わり詠む　頭を撫でて、背中に負ぶって養い、乳をふくませて育てたのに、今日は枯れはてた野辺の焼場へ亡きがらを送り出すのだ）。この歌は守一の次男・陽の死亡直後の画《陽の死んだ日》（昭和三年）を思わせます。守一は急性肺炎で瀕死の陽を抱いて子守唄を歌ってやったそうです。また、荼毘にふした後、遺骨を持ち帰る情景をえがいた《ヤキバノカエリ》（昭和三十一年）という画もあります。これは結核で二十一歳の若さで死んだ長女・萬の火葬後のものです。

また、良寛は子供を実際に失った親の嘆きを思いやった歌も残しています。

すゑのみ子のみまかりますと聞き
子を持たぬ　身こそなかなか　嬉しけれ　うつせみの世の　人に比べて
（〔大意〕末の子が亡くなったと聞いて　子供を持っていない私の身こそかえってありがたい。世間の人に比べて、悲しい思いをしなくてすむのだから）

良寛も、肉親を二人、自殺によって失う苦悩にみまわれます。良寛が三十八歳のとき、父・以南《いなん》（六十歳）が京都・桂川に投身自殺します。さらに、それから三年後、末弟・香《かおる》（二十八歳）も同じく桂川に入水自殺しました。香が自殺したのは父の跡を追ったからとされますが、それだけでは死因としてはあいまいです。父親の自殺企画を知っていながら、これを止められなかったことを悔やんだからではないか、という見方もありますがどうでしょうか。良寛は香の博学多才を惜しんだことでしょう。

父親については、北越後では知られた俳人でしたが、出雲崎の庄屋としては経営の才に恵まれず、家運は次第に衰え、負債が積み重なったようです。

以南は隠居届を出し、二男・由之《ゆうし》が家業を相続するようになります。由之は浪費・負債のため奉行所に訴えられ、敗訴（文化七〔1810〕年）。家財没収、所払いとなり、各所を転々。良寛が実家を出奔したのは十八歳頃（安永四〔1775〕年）で、父・以南はその頃はまだ出雲崎の名主でした。ところが、三十五年後には、由之の不品行などにより、さしもの名家は没落の憂き目にあい、消滅しました。

良寛の書にとまどう

それでは、守一は良寛をどのようにみていたのでしょうか。守一はわずかに次のような言葉をのこしています――「坊さんの字で、白隠のはわるいとは思わないけれど、良寛は、これはわたしが勝手に乞食坊主だと思っていたのに、字を見たらどこの紳士かというようだったんでね。つまらなかった」（『蒼蠅』82頁）、「良寛の字をほめる人は多いようですが、あんまりきれいで上手すぎて、私には気に入りません。私は良寛はコジキ坊主だとばかり思っていましたが、字からみるととてもそんなことはない。私の良寛に対する気持ちと、字から受ける感じがどうも違うので、初めて字を見たときは困った気分になりました」（『へたも絵のうち』150頁）――。

良寛は師・大忍国仙和尚が没した後、円通寺を出て諸国行脚の旅に出ます。三十四歳から三十九歳にかけてのことで、「吉野紀行」、「高野紀行」が残されていますが、その足跡ははっきりしません。高知にも足を延ばしたともいわれます。野宿に近い旅だったようです。いったんは岡山の円通寺に戻りましたが、しばらくして（寛政八〔1796〕年）、故郷の越後に向かいます。その理由ははっきりしません。おちぶれた乞食《こじき》坊主の姿でした。粗末な庵に仮住まいし、托鉢に出る生活を送っていたので、守一が良寛を乞食坊主と思ったことには一理ありますが、良寛は求道心に基づいて托鉢したので、単に食料を得るために村里を徘徊したわけではありません。乞食《こつじき》と乞食《こじき》はちがいます。そこを守一は誤解していたようです。

良寛は十八歳で出奔し、禅宗の修行にはげみ、漢詩をつくりました。最初の漢詩集『草堂集貫華《そうどうしゅうかんげ》』を編んだのは五十四歳でした。しばらくして、第二詩集『草堂詩集』を編纂しましたが、その〈地巻〉に「托鉢」と題する漢詩がみえます。釈尊の弟子になり、一衣一鉢のさっぱりとした生活を送り、食物を乞うた分だけ、施主の貧富を気に留めず、仏法を施すのが乞食の精神である、と托鉢の心得を説いています。『維摩《ゆいま》経』に、あわれみの心をおこし、貧家を選んで托鉢した僧が叱責された話があり、それをふまえています。この頃、良寛は自分を卑下し「非俗非沙門」（俗にあらず、沙門にあらず）とみなす漢詩をつくっています。俗人でもなく僧でもない有様を人が嘲笑するとしても、しばらくは自然の縁にまかせておこう、とも思っているのでしょう。「非俗非沙門」は親鸞の「非僧非俗」を連想させます。

〈乞食〉についての守一の思い込みはさておき、良寛の書を好きになれなかったのはどうしてでしょうか。守一の違和感は、書については、良寛は大変な努力家で、古典を臨書して、これにしばられず、これを乗り越えて、独自の書風をきずいたことを知らなかったからではないか、と思われます。

守一の場合は書を学習することによって書風を確立したとはいえず、そこが違和感の発生原因なのでしょうか。良寛の書風は熱烈な研鑽によって練り上げられました。たとえば、国上山《くがみやま》の山腹にあった五合庵に定住した時代、文化五（１８０８）年ころ、良寛（五十一歳）は懐素《かいそ》（中唐、八世紀）の「自叙帖《じじょちょう》」の草書体を徹底的に学んだそうです。そのころの挿話ですが、五合庵の机に禿筆（すりきれた筆）と漆のように真っ黒になった五、六十帖の紙があったと、親交があった漢学者・鈴木文台《ぶんだい》が述べています。また、「空中習字」の挿話も知られています。良寛は毎日、大空に向かって文字を書いたと伝えられます。紙を節約したかったからでしょうか。良寛の努力家の側面を物語ります。なお、『良寛禅師奇話』（一三）には、国上《くがみ》の庵から島崎に移り住んでからは、「紙筆も貯《たくわ》えず。事あれば人の家に行きて書く」とあり、最晩年には文房具も必要があれば他家で借りて書いたのでしょう。この逸話からも、最晩年の良寛はすりきれた筆さえも座右に置くことがないという無欲ぶりでした。この暮らしぶりを自嘲する歌が残されています——「水茎《みづぐき》の　筆紙持たぬ　身ぞつらき　きのふは寺へ　けふは医者どの」（〔大意〕筆や紙すらも持たない貧しい身はつらい。昨日はお寺へ、今日は医者の家に借りに行くのだ)」。晩年の良寛は書の表面的な優劣を問題にせず、書が拙いことを悩むある住職に「〔大意〕上手、下手に気を使わないほうがよい、書というものは自《おの》ずからできるものだ」と、忠告しています(『良寛禅師奇話』五三)。このように、晩年の良寛は守一と同じ境地を語っています。

ただし、良寛の書が守一の書風とは次元が違うのは、書風が成立する過程・背景が違うからでしょう。守一の書は他者の目を意識しない天衣無縫の「無欲な書」と評されます。その守一であればこそ、良寛の書を「あまりにきれいで上手すぎる」と、みるわけです。ただし、良寛の書も作為のうかがわれることを嫌う「無欲の書」であったわけですが、同時に、その書は稽古の果てに、稽古を抜けた水準にまで達したものなのでしょう。

良寛の有力な庇護者であった解《け》良《ら》家の解《け》良《ら》栄重《よししげ》が書いた『良寛禅師奇話』(二四)に「〔大意〕良寛禅師が嫌うことは、書家の書、歌よみの歌、また題を出して歌よみすること」とあって、他人の目を気にして、上手に書こうとする作為を良寛は嫌ったようです。また、いかにも練習して作り上げたという様子がうかがわれる作品も評価しませんでした。

これは守一にも当てはまります。ただし、納得のいく作品を仕上げるのに努力を惜しまなかった逸話も知られています。『蒼蝿』(83頁)に、「この『人』という字、一字だけは書きにくいのです。『人生』ならまだ見られるけれど『人』だけではなかなかひとに見えない。以前、雑誌『心』の木村修吉郎さんに頼まれて『人』の一字を書いたのですが、何としてもひとに見えなくてえらい目に遭いました。

一山くらい書いたんじゃないですか」と、あります。他人の目は気にしなくても、自分の美意識の目からのがれることはできなかったようですし、通常の「書」から、「書」でも「画」でもない「第三の芸術」をめざしていたようです（木村定三〔編〕『熊谷守一作品撰集』日本経済新聞社、1969年、解説編　9頁）。守一の書は「字」から「画」の方向に動いています。たとえば、「からす」などは空を飛んでいく姿を想わせる書です。

姿がつかみ難い字は書きにくいといいます。「『神』という字は好きじゃない。これでも字かしらと思う。仏さんの方は形もわかるけれど、神というのは実体がつかめないからでしょうかね」（『蒼蠅』80頁）と、言いますが、「神」を平仮名で「かみさま」と書いたものは蒼古の味わいがあり、文芸評論家の山本健吉の話ですが、小林秀雄が京都の骨董屋で守一の「ふくはうちをにはそと」の書を見つけて気に入ったところ、主人は奥から「かみさま」と書いた色紙を出してきたそうです。小林はこの方がいっそう気に入ったのですが、主人は手放さなかったとのことです（「書の面白さ―熊谷守一の書―」『山本健吉全集』第十六巻、講談社、1984年、238頁、〔初出〕昭和五十四年五月　別冊太陽愛蔵版「書」）。守一の書の秘密は「これ以上に下手にも、不綺麗にも書けない」（240頁）ことにあるようです。良寛の書について、「きれいで、上手すぎる」と守一は言ったのですが、その守一が到達した書の真骨頂が「へたの限界」と言えるものなのでしょう。同じく、守一の書の秘密が「決して上手でないこと、決して綺麗でないこと」にあるとみなすのは、作家の福永武彦です。福永は良寛が好きなのですが、守一が良寛の書について「綺麗すぎる」と評するのを、なるほどと頷いています（福永武彦「熊谷守一の書」『熊谷守一の書』求龍堂、１９７３年、所収、16頁）。

守一にとって、「気が向く」ことが基本的に重要だったようです。『蒼蠅』（１５７〜１５８頁）に、「絵なんてものはいくら気をきかして描いたって、たいしたものではありません。その場所に自分がいて、はじめてわたしの絵ができるのです。いくら気ばって描いたって、そこに本人がいなければ意味がない。絵なんていうものは、もっと違った次元でできるのです」と、いいます。「違った次元」とは解釈しにくいのですが、画家が対象と向き合う心持ちのことをいうのでしょうか。

守一の言葉に「繪描きくさいのはやり切れない。それは大変な欠点です」（熊谷守一「私の生ひ立と繪の話」『心』所収、平凡社、１９５５年６月号）とありますが、画家である以前に一人の人間として対象に向き合うことを守一は重んじました。『心』は昭和二十三年創刊の雑誌で、守一は同人として終刊まで参加しています（田村祥蔵『前掲書』２０７頁）。また、守一は、「子供が病気になって暮らしに困ったときでも、そのために絵を描いて金にかえるということはできませんでした。やる気のあるときに描くだけです。気のないときに描いても何にもなりませんから、そういうときには描きません」（『蒼蠅』22頁）と、「絵描き」になることを拒絶します。自分を「画家」として限定することは、かえって自己の感性を殺すことにつながるとして、警戒したのでしょう。その感性は物の表面をつきぬけて宇宙の摂理の息吹《いぶ》きにふれるものでした。ですから、守一が確立した画風は単純で、深いものです。装飾過剰では物の本質に至れません。

良寛の他力信仰

良寛が妙好人であったかどうかという問題にうつります。

良寛は十八歳で家を捨て各地を放浪していますが、それから四年後、両親が出家を許可し、円通寺住職大忍国仙の門弟となりました。良寛は曹洞宗の禅師として修行を積み、各地を行脚します。妙好人はたいてい真宗の篤信者で、禅宗の正規の僧が妙好人というのは、ふつう聞きません。その点では、良寛が妙好人であるとは言いにくいわけです。

ところが、室町時代の臨済宗の僧・一休宗純（1394〜1481）は、禅宗を離れて浄土門へ入るという詩をつくっています（『狂雲集』）。寛正二年には大飢饉で多くが餓死したにもかかわらず、禅僧は安逸な生活をむさぼっている、と一休は嘆いています。一休は浄土門の法然を讃える詩も作りました。反骨の一休らしい逸話ですが、このような禅門から浄土門への宗派替えの話はめずらしかったでしょう。

歌の作風の変化をみると、晩年、良寛も他力浄土門へ軸足を動かしているようにみえます。つまり、真宗の妙好人といってもおかしくない歌をよんでいます。

良寛の初期の和歌（『布留散東《ふるさと》』）は、『新古今和歌集』の影響が大きかったとされます。享和元

（1801）年以降、四十四歳から、『万葉集』に傾倒し、万葉調の和歌を数多くつくりました。文化十三（1816）年、体力の衰えもあり、国上山の五合庵から里の乙子《おとご》神社の草庵に移り住みます。しかし、最晩年の島崎草庵時代（文政九〔1826〕～天保二〔1831〕年）には、良寛は浄土門の信仰を示唆する歌を少なからずつくるようになります。

これより以前、乙子神社の草庵に定住していた文政元(1818)年頃、良寛は、疱瘡の流行によって、多くの子供たちが死に、それを悲しむ歌を連作しています。詞書《ことばがき》に「去年《こぞ》は疱さうにて子供さは（多）にうせにたりけり。世の中の親の心に代わりて詠める」とあります。そのうちの一首を挙げます――「あずさ弓　春も春とも　思ほえず　過ぎにし子らが　ことを思へば（〔大意〕春の季節だが、春とも思えない。死んだ多くの子供のことを思えば）」。

なお、次の歌では詞書に「法名」という語をつかっています。真宗では「戒名」とはいわず、「法名」というのですが、他宗派でも「法名」をつかうこともあるので、真宗の影響がある歌とは必ずしも判断できないように思われます。乙子神社草庵時代では、和歌で「弥陀（仏）」への言及はまだありません。ただし、文化元（1804）年に浄土三部経のひとつ『阿弥陀経』の借用を浄玄寺へ申し出ています。浄玄寺は良寛の妹の嫁ぎ先で、真宗の寺です（高橋庄次『良寛伝記考説』春秋社、1998年、232頁）。

さてその法名はと言へば　信誓《しんぜい》と答へばかくなむ
御ほとけの　信誓《まことちか》ひの　如有《ごとあ》らば　仮《かり》のうき世を　何ねがふらむ
（〔大意〕死者の法名〔＝戒名〕はと言えば、信誓と答えたので、御仏《みほとけ》のすべての人を救うという誓いが真であるのなら、仮のこの世で何をお願いすることがあろうか）

同じく、乙子神社草庵時代のことですが、「〔大意〕その夜は『法華経』を読誦して有縁無縁の童に廻向するつもりで」という詞書に続き、子供たちの冥福を願っています。『法華経』を読誦しているのは、浄土門よりも『法華経』に親近感をもっていたからと判断できます。

知る知らぬ　誘《いざな》ひ給へ　御《み》ほとけの　法《のり》の蓮《はちす》の　花の台《うてな》に
（〔大意〕知っている、いないにかかわらず、すべての子供を、御仏の世界の蓮の花の台に導いてください）

文政九（1826）年、六十九歳で外護者《げご》である百姓惣代・木村家の庵に移住しましたが、庵の裏に木村家の菩提寺・真宗隆泉寺が隣接していました。そのような環境によるのか、これ以降、良寛は浄土門の称名念仏にかかわる和歌を少なからずつくっています（「木村家横巻《おうかん》」）。良寛に妙好人をおもわせる人柄がうかがわれるわけです。二、三首をあげます。

かにかくに　ものな思ひそ　弥陀仏の　本《もと》の誓ひ（の）　あるにまかせて
〔大意〕あれこれと、物思いにとらわれないように。それより、阿弥陀仏の衆生救済の本願にまかせなさい）

愚かなる　身こそなかなか　うれしけれ　弥陀の誓ひに　会ふと思へば
〔大意〕愚かなわが身であれば、かえってうれしいことだ。阿弥陀仏の人々を救済するという誓に出会えると思うと）

心もよ　言葉も遠く　とどかねば　はしなく御名《みな》を　唱へこそすれ
〔大意〕極楽はあまりに遠いので、我が心も言葉もとどかない。それでふと「南無阿弥陀仏」の名号を唱えてしまった）

良寛・由之兄弟和歌巻にも他力本願の歌があります。文政十二年ころ、木村家の納屋に寄寓していた良寛を由之が訪ねたさいの歌です。

御《み》ほとけの　まこと誓ひの　広からば　誘《いざな》ひ給へ　常世《とこよ》の国に

（〔大意〕阿弥陀仏の本願の誓いが広大であれば、どうかわたしを極楽浄土に導いてください）

最晩年の歌に、良寛の辞世があります。

良寛に　辞世《じせい》あるかと　人問《と》はば　南無阿弥陀仏と　言ふと答へよ

（〔大意〕良寛に辞世があるかと人が聞くなら、南無阿弥陀仏と言った、と答えてくれ）

右記の歌から判断すると、すくなくとも最晩年では、良寛は宗派の違いにとらわれなかったようです。大峯顕氏「良寛」（『浄土仏教の思想』第十三巻、講談社、１９９２年、所収、３４８頁）は、良寛の枝葉末節にこだわらない性格の一端を次のように紹介します――「良寛は禅宗以外の人の家へ行って平気で経を読んだと言われている。狭く硬直した宗派的意識の枠を物ともせず、一方から他方へ自在に出入りできたのである」――。

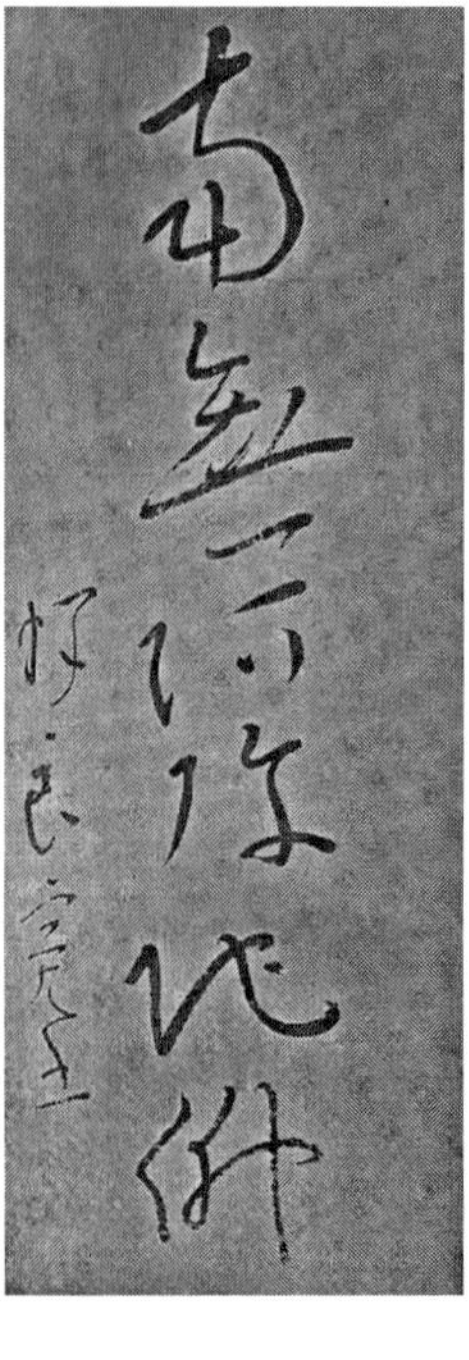

「良寛の六字名号」（良寛記念館蔵）

解良栄重の『良寛禅師奇話』（四八話）に、「〔大意〕師がわらって言うには、あるとき日蓮宗の家に泊まり、仏壇にむかってお経を読んだら、家人が袖を引いてやめてくれ、と言われたとのこと」と、あります。日蓮宗では唱えない『般若心経』でも唱えたのでしょうか。泊めてもらった家の宗派くらいは知っていてもいいのに、宗旨の違いなどは、良寛にとっては些細なことだったのでしょう。良寛の実家の宗旨は真言宗で、出家してから修行したのは曹洞宗、国上山の国上寺は真言宗、最晩年には真宗の影響がうかがわれます。

五合庵時代（文化二〔１８０５〕年頃から）、托鉢など禅宗の修行にはげんでいたはずの良寛が最晩年に浄土門の信仰を示す歌を少なからず作ったのは、どうしてでしょうか。

『法華経』を庇護者・解良《けら》家のために写経したのは乙子神社時代の文政二年（１８２０）年だったと思われます（高橋庄次『前掲書』５０５頁）。解良家当主の叔問《しゅくもん》の墓にこの経が埋められた、と推測されます。叔問の依頼で写経したことは、二月十一日付の良寛の書簡に「紙は使ひ尽くし候。筆は御返し申し候」とあることから分かります。経典のなかでも良寛は『法華経』に造けいが深かったようです。また、この頃、良寛は中国禅宗の第二祖・慧可《えか》が達磨に入門を願って、腕を切ってその覚悟を示した厳しさをしのんだ歌をのこしています――「二祖の室峰《むろみね》少林寺に参到せりし因縁を思ひて　かきくらし　降る白雪を見るごとに　室の高根の　昔思ほゆ（〔大意〕二祖・慧可が室峰の少林寺にやってきたゆかりを思って、空を暗くして降る白雪を見るたびに、昔、室峰で慧可が腕を切ったことがしのばれる)」。

さらに、乙子神社草庵時代に、漢詩「夜読永平録」で、道元禅師の悟りの言葉「身心脱落」を取り上げ、道元を崇敬する気持ちを吐露しています。このように禅宗への思い入れは相当のものであった、と考えられます。良寛が浄土門の名号「南無阿弥陀仏」を重んじたのは、木村家の庵に移住してからのことだったようです。

良寛には、里に托鉢に出て、草花を摘んでいるうちに鉢を置き忘れ、大あわてした歌が数首のこされています。事物に執着しない天衣無縫の良寛らしい逸話です。禅宗の自力門と浄土宗系の他力門の違いは気にならず、大乗仏教の根本理念である「慈悲」の精神に良寛の心は向いていたのでしょうか。「南無阿弥陀仏」の名号が慈悲の摂理をあらわすものと考え、「南無阿弥陀仏」にすべての悲しみを癒す働きを集約させたのでしょうか。

良寛六十一歳、文政元年(1818)に質の悪い疱瘡が流行し、亡くなった子供たちをしのんで、一連の歌を遺していますが、このときには「南無阿弥陀仏」の名号を歌いこんでいません。ところが、最晩年(69~74歳)の木村家の別宅に居住した頃、「弥陀(仏)」の本願の誓いを歌ったもの十首余りがみられます。さらに、良寛は「他力」についての歌を詠んでいます――「他力とは　野中に立てし

竹なれや　よりさはらぬを　他力とぞいふ〔(大意)他力とは野中に立てられた竹のようなもので、何ものにも妨げられないのだ)」。すでにふれたように、辞世にも「南無阿弥陀仏」がみられます。良

寛にとって、名号は万能の功徳を備えたもので、これを称えることでしか子供たちの冥福を祈れなかったのでしょうか。名号を称えるのは、誰にでも、どこでも、いつでも、できることから、もっとも優れた浄土往生の手段と、思われていました。良寛が浄土門を知ったのは教学的・学問的なルートからではなく、恐らくは庵に隣接する真宗の寺との交流によって浄土門に親しんだのでしょう。

最晩年の歌「御ほとけの　まこと誓ひの　広くあらば　誘《いざな》ひ給へ　をぢなき我を（大意）御仏の本願がすべての人に広く及んでいるのなら、自分がつたなく愚かであるにしても、極楽浄土に導いてください）」に、自分を愚劣とみなす「おぢなき我」という表現がみられます。そのような意識から、良寛は戒語に「さとりくさきはなし」「学者くさきはなし」「風雅くさきはなし」を取り上げたのでしょう。本来、真の「さとり」や「風雅」に縁のない人間と思っていた、と考えられます。「絵描きくさい」のを嫌った守一がうなずきそうな話です。良寛は重複するものを含めると合計五百以上の戒語を書いています。自己内省が強い人でもあったのでしょう。

良寛を妙好人とおもわせる代表的な言葉をあげるとすれば、良寛七十一歳のとき、文政十一（1828）年十一月十二日に越後を大地震が襲い、その直後の十二月八日に友人の山田杜皐《とこう》に宛てた書簡にある「災難に逢《あふ》時節には、災難に逢がよく候。死ぬ時節には、死ぬがよく候。是ハこれ災難をのがるゝ妙法にて候」でしょう。他力信仰の真髄ともいえます。無力な人間が災難からのがれようとしても、災難は自然の摂理なので、のがれられない。けれどもそれを受け入れる覚悟があれば、あれこれ思い煩うことはない、と大いなる他力（摂理）に身をまかせることを勧めます。妙好人は自分を愚かな凡夫で、修行すらろくにできない救いようのない劣悪な人間とみます。良寛の言葉にはその響きがあるように思えます。良寛には伝説が多いのですが、辞世の歌にしても、天衣無縫のあけひろげの人柄をおもわせる歌が伝えられています。「良寛が辞世を何と人問はば　死にたくないというたとしてくれ」が有名です（『定本　良寛全集』第二巻　歌集、中央公論新社、2006年、537頁）。

ほぼ同時代の臨済宗の禅師・仙厓和尚（1750～1837）も「死にたくない」と繰り返したそうです。また、室町時代の一休宗純も坐禅しながら「死にとうない」といったそうです。こうした話は史実かどうか極めてあやしいのですが、史実でないにしても、良寛の世間体を気にしない、自然の摂理と一体化した心境を表わそうとしたものでしょう。むしろ、次の歌が良寛の老境の心を素直に表しているものでしょう――「今更《いまさら》に　死なば死なめと　思へども　心に添《そ》はぬ　命なりけり（〔大意〕いまさら、死ねるならば死ぬのがよいと思うのだが、心に従わぬ命であることよ）」。誰にでも思い当たる思いです。無力な自分を受け入れています。

良寛の体調が悪化したのは天保元（1830）年夏でした。大旱魃《かんばつ》の夏でした。盆踊りに夜通し興じたのが七月十五日、それより前の七月五日に良寛は病臥し、からだに「むくみ」が来ていました。この事情は二十五日付の歌「もろともに　踊り明かしぬ　秋の夜を　身に病《いたづ》きの　ゐるも知らずて（〔大意〕みんなと踊り明かしてしまった。私の身体に病気がとりついているのも知らずに）」に書かれています。良寛は盆踊りをこよなく愛し、踊り狂ったのですが、『良寛禅師奇話』（三一）では、「手巾《しゅきん》ヲ以テ頭ヲツヽミ婦人ノ状ヲナシ衆ト共ニオトル」（〔大意〕手拭で顔をかくし女性のような身なりで皆と一緒に踊る）とあり、女装をして踊りに興じ、人が「どこの家の娘だろう、大変うまい」と、からかい半分に言うと、ますます得意になって踊ったとのことです。女装の趣味を隠そうとしなかったところが良寛の素直な性格なのでしょう。なお、踊り上手であることと草書体を好んだことに関連がある、とする見方があるようです。

八月十六日付の医師・宋庵宛の手紙で「〔大意〕夜中、四度便所に行った。初めは渋り腹で少々くだり、二三度はさっとくだり、四度めはまた少々くだった。腹痛み、口の中からく、おまけに酸っぱい」と、書いています。八月十八日付の手紙（宛名不明）によると、眼病の治療をしているだけでなく、足がだるく、腹痛もひどくなっています。末期大腸ガンが疑われます。「ぬばたまの　夜はすがらにくそまり明《あ》かし　あからひく　昼は厠《かわや》に　走りあへなくに（〔大意〕夜はずっと下痢をして明かし、昼は厠へ走っても、間に合わないのだ）」と、苦しい病状を旋頭歌《せどうか》にしています。貞心尼の看病も実らず、病状は悪化の一途をたどり、良寛はもはやこれまでと、絶食し、クスリも断ちます。貞心尼の歌「かひなしと　薬も飲まず　飯絶《いいた》ちて　自ら雪の　消ゆるをや待つ（〔大意〕かいもないと、クスリも飲まず食事も絶ち、雪の消えていくように、自ら命が消えて行くのを待っているのでしょうか）」に唱和して、良寛は「うちつけに　飯絶《いいた》つとには　あらねども　かつ休《やす》らひて　時をし待《ま》たむ（〔大意〕

だしぬけに断食をはじめたというのではないが、前もって身心を楽にして、命のなくなる時を待とうと思う）」と、歌いました。下痢の垂れ流しを止めるには、絶食するしかないと観念したのでしょうか。

天保二年正月六日、良寛は臨終を迎えました。証聴法師による「良寛禅師碑銘 幷《ならびに》序」には、「終るに臨み、環坐《かんざ》してみな遺偈《ゆいげ》を乞う。師すなわち口を開いて阿《あ》と一声せしのみ。端然《たんぜん》と坐して化《け》す（原漢文）」（〔大意〕臨終では周囲に居並ぶ者から遺偈をのこすように求められ、良寛禅師はすぐに口を開いて「阿」と音を発し、整然と坐して遷化した）と、あります。臨終の様子は禅宗のもののようです。また、墓碑も「良寛禅師墓」です。最後の発声は「阿」だったようですが、これは真言密教などで行われる坐禅法「阿字観」の対象になる〈a〉の字の発音にあたる、と説明されます。良寛は日本語の五十音図に関心をもっていました。その最初の字が阿字観の「阿」と関連します。ただし、良寛の最後の発声が阿字観の「阿」であったとは、断定できないでしょう。また、良寛を理想化する意図があって、「端然と坐す」と書かれたのかもしれません。

『良寛禅師奇話』（五〇）に「〔大意〕良寛師の一生に特に変わったことはないが、一つだけあげるとすれば、死後、納棺して数日後、ある尼さんが訪ねてきて、死者に一度だけ会わせてほしいと願ったので、棺を開けたところ、『頂骨不傾《ちょうこつかたむかず》 儼《げん》トシテ生ルモノ〔ノ〕如シ』（頭の骨は傾きもせず、おごそかとしていて、生きているようだった）」と、書かれています。皆が驚きの声を上げたとも伝えられますが、これも理想化・神格化のひとつだったのでしょう。葬法は火葬で、正月八日の夜に荼毘にふせられました。享年七十四歳。

守一の望み

熊谷守一は特に辞世の言葉を残してはいないのですが、最晩年に残した言葉を紹介します。一つは九十一歳のときに『へたも絵のうち』（12頁）で「『いま何をしたいか、何が望みか』とよく聞かれますが、別に望みというようなものはありません。だがしいて言えば、『いのち』でしょうか。もっと生きたいことは生きたい。みなさんにさよならするのはまだまだ、ごめん蒙《こう》むりたい、と思っています」、また、九十六歳のときの言葉も同じような内容です――「こうして正月を迎えてみると、生きていたいと思いますね。わたしってしみったれですから幾つになっても命は惜しいです。命が惜しくなかったら見事だけれど、残念だが惜しい。長く生きていたいです。どういうわけなんですかね。生きていたってたいしたことないでしょう。ここに坐ってこうしているだけなんだから」（『蒼蠅』59〜60頁）。

このように守一は与えられた「いのち」を生きられれば、それ以上のことは特に望まない、と言います（『へたも絵のうち』12頁）。たとえば、守一は坂本繁二郎について、「坂本は欲のない人だが、いい絵を描こうという欲はある。おれはいい絵を描こうとも思わない」（熊谷榧「前掲年譜」『蒼蠅』所収、312頁）と、言ったことがあるそうです。ただし、生きると言っても、「いのち」を無理せずに生きることのようで、不自然に延命しようとは思っていないようです。寿命がくるまで、与えられた「いのち」に従順に生きることが望みなのでしょう。良寛の発想はこれよりもやや消極的で、そのことが守一との違いでしょう。ただし、良寛も守一も自然の摂理に従順です。「いのち」は生きようとするのが宿命ですから、とにかく生きられる間は生きているしかないようです。守一の親友・信時潔《のぶときよし》（芸術院会員・文化功労者）が守一と交わした言葉も印象的です。信時が「もう一回人生を繰返すことが出来るとしたら、君はどうかね。ボクはもうこりごりだが」と、守一に訊いたところ、守一は「いや、おれは何度でも生きるよ」と、答えたそうです（熊谷榧『モリはモリ、カヤはカヤ　父・熊谷守一と私』69頁）。いつ頃の言葉かは分からないのですが、信時が死んだのは守一が八十五歳のときですから、それよりも以前の話です。

守一が生きることにこだわった理由について、ひとつは守一が強健に生まれついたことがあげられます。基礎的な生命力が強かったと思われます。ただし、精神面では対外的に退いて生きてきた人で、積極性は希薄でした。すでに紹介したように、『へたも絵のうち』（159〜160頁）で、気に入らぬことがあっても、それに逆らわず、退いて生きてきた、と告白しています。

守一は、自分が恥かしがり屋であったことから、このように消極的に生きることになった、と思っているようです。『へたも絵のうち』（138頁）で、変わり者の画家・詩人として知られた長谷川利行が「恥ずかしがり屋」であったと述べ、ひるがえって、自分自身について、「私も人一倍の恥ずかしがり屋です。ごく小さいころからいまだに変わりません。友だちの中には、私のことを傲慢だとか、傍若無人だとかいう人もいたようですが、そんなことは全くない。自分には関係ない、他人の振る舞いや言葉で、自分が恥ずかしがることがあったりして、われながら困ることもあります。しかしこれは九十を過ぎても直らぬくらいだから、もう仕方のない性分でしょう」と、言います。「退き退き生きてきた」のも恥ずかしがり屋であったからでしょう。

他者の視線にさらされたとき、理想的な自己像と比べて現実の自己が劣っているという意識を持ち、時に赤面を伴うのが「恥意識」です。これが一時的な意識でなく、持続的な場合、一種の対人恐怖となり、対人関係からできるだけ身を引こうとする生活につながります。重くなると「回避性人格障害」と呼ばれ、対人関係で強い不安を感じます。守一の場合、対人恐怖は強く意識されないようですが、消極的な生き方を選んでいることの背景に軽い対人恐怖があると考えられます。ただし、他方では、人との接触に無関心・冷淡ではなく、親しい友人とは良好な関係が持てるようです。守一の体格と人格については、本章次節【良寛と守一の体格と性格】で扱かいます。

良寛は体調不良を感じて半年も経たずに七十四歳で自寂しましたが、守一は九十七歳の長寿を全うし、老衰に近い死に方でした。ただし、七十六歳で脳卒中のような発作に見舞われています。守一自身は「冠状動脈の病気」とします。その後、小康状態が続いたのですが、寒さに弱くなり、最晩年には十二月から三月、年によっては五月まで、冬眠生活を送りました。「寒い間はからだが温まるまで、着られるだけ着込んで炬燵に入り、温かくなってきたら動ける程度に一枚づつ脱いでいくことにしています」（『蒼蠅』15頁）と、冬眠生活を語っています。昭和五十年春、新宿伊勢丹で九十五歳記念展が開かれました。さすがに老齢のため画業はそろそろ衰えてきています。昭和五十二（1977）年作の書「獨楽」は「九十八歳」の書き込みがあって、最晩年の書です。

良寛・守一の体格と性格

ここで、良寛の「体格と性格」を守一のそれと比較してみましょう。精神医学で取り上げられる典型的な体格類型を三種あげると、「細長型」「闘士型」「肥満型」が主なものとされます（エルンスト・クレッチメル〔相場均　訳〕『体格と性格』文光堂、1960年）。良寛は「細長型」で、「敏感と鈍感」という矛盾する感性をあわせ持ちます。守一は「闘士型と細長型の合質」が考えられます。守一の「闘士型」は父親からの遺伝でしょう。「細長型」は学者の家系の母親からの遺伝でしょうか。

筋骨たくましい「闘士型」の人は「粘着質」の性格特性を持ちます。その例として、真宗の開祖・親鸞があげられます。「寡黙・几帳面・誠実・執念深さ・徹底性」が粘着質の性格特性ですが、親鸞の場合、大著『教行信証』にみられる過去の業績を引用するさいの徹底性（ただし、当時の仏教著述は概して引用形式が普通でした）、あくなき問題追及などがみられます。冗談の一言でさえも自己に許さない厳格な性格が「鏡御影」に描かれた像のがっちりした体格と結び付いているようです。

「肥満型」の気質は「循環気質」と呼ばれ、「爽快と憂鬱」の気分を交互に移動します。真宗本願寺派の第八代宗主・蓮如はその典型で、教団経営に才覚をしめしたように、対外的な配慮に長けていました。「細長型」はむしろ孤独に生きるのが性にあっています。人との付き合いは苦手です。

守一は写真などから判断すると、表面は筋骨たくましくみえるのですが、内面は「頑固・内気」です。「闘士型・細長型」の合質が基本にあるのでしょう。そうであるからこそ、良寛と似ているといわれるのでしょう。良寛と守一の気質には共通する「細長型」の部分が少なからずあるわけです。すでに指摘したように、守一の「内気」は母系の「細長型」の遺伝と推測可能でしょう。なお、守一の言動は日常生活に及ぶまで色々と記録されているので、その性格を知るうえで大いに役立つという利点があります。たとえば、若い頃に、守一と親交があった藤井浩祐（戦後、日展理事）は守一の印象を「彼は一見非常に磊落で、ものに無頓着で、ことに世間と云うようなことにはまったく超然としているように見えるが、その実決してそうではな

「良寛像（部分）」（良寛の里美術館蔵）

いんだ。性格は非常に緻密細心で、どんな小さいことでも猶注意してよく考えて進んで行く方の質《たち》だ（談）」と、細心・超然の二面を併せ持つことを指摘します（大川公一『無欲越え』141頁〔初出「熊谷君」『美術』1934・9〕）。また、緻密細心であるのと同時に、几帳面な性質もありそうで、これは「闘士型」の「粘着質」を想わせます（守一の体格と性格については、本章の【まとめ――『還相的人格』――】参照）。

良寛の場合は、体格・性格とも典型的な「細長・内気」型で、クレッチュマーはこの型の性格特徴として、「非社交的・静か・控え目・まじめ・臆病・敏感・恥ずかしがり・従順・気立てよし・正直・落ち着き」などをあげています。他に、「神経質・興奮しやすい・鈍感・愚鈍」などもあげていますが、これらの性格特性が同程度に良寛にあるとは言えないでしょう。クレッチュマーは「細長型」の気質にもいくつかの性格群があると指摘します（クレッチメル『体格と性格』188頁）。第一群は「内気」、第二群は「精神の過敏」、第三群は「鈍感・自発性の欠如」が目立ちます。個人により性格特質のあらわれに強弱がありますが、概して、この気質の性格特徴は「敏感と冷淡の極」の間に位置するとのことです。良寛の場合も、まさしくこれに当てはまります。

なお、良寛は十八歳で家出して、二十二歳で円通寺の大忍国仙のもとで授戒出家するまで各地を放浪します。これは「青春期危機」または「同一性危機」と呼ばれる神経症症状の一つとみなせるのかもしれません。クレッチュマー（『天才の心理学』内村祐之〔訳〕、岩波文庫、1982年、92頁）は、細長型にこの「青春期危機」が起きやすいとします。青春期に出奔・非行・学業放棄、対人的な不和など、既成秩序との不調和が生じることが多いのですが、良寛の場合は「出奔・放浪」という形をとります。かなり幼い頃から出家したいという思いがあったのですが、師僧もないまま、十八歳で自分の髪を剃って、「そこはかとなく家を出で、或《い》は山に籠りあるいは荒磯に憧れ、四方八方《よもやも》の国を修行して歩き」（〔大意〕目的も行き先もなく、わけも分からずに家出《いえで》した）（上杉篤興《あつおき》『木端集《きのはししゅう》』）。国学者・上杉は良寛とも親しく、良寛の歌集を編纂しています。引用はその序文です。家出のきっかけは、親友を巻き込む家業のトラブルだった、とされます。良寛は名主の見習いをしていました。

家出をする決意は「いと幼き時より思ひ入り給へることのありて」（『木端集』）とあるように、少年時代から心にあたためていたことであったようです。あるいは、性格的な要因もからんでいたのでしょうか。良寛には放蕩癖のようなものが、一生のあいだ付いて回ったのでしょうか。谷川敏朗（『良寛の生涯と逸話』野島出版、１９７５年、65頁）は、良寛の四人の兄弟がすべて僧侶になった可能性を指摘します。妹「みか」も真宗・浄玄寺に嫁し、晩年に妙現尼《みょうげんに》といいました。母の妹二人が尼僧であったともいわれます。出家について、母方の遺伝的な影響も考えられます。良寛は「非俗・非沙門」と自称しましたが、同じく「非僧・非俗」と称した真宗開祖・親鸞も、めずらしいことですが、兄弟のすべてが僧侶になります。

他国に逃亡した良寛は、壁だけが残る廃屋に泊まり、あちこちをさすらい歩き、日雇い労働に従事しました。良寛が出家を許されたのはこれより四年後で、それまでは各地の寺で「行者《あんじゃ》」をしていたとされます（高橋庄次『前掲書』54頁）。行者とは禅寺で高位の僧の雑用をする者ですが、必ずしも得度受戒していなくてもやれます。

良寛の外貌については、『良寛禅師奇話』（一）や（一八）（五一）に書かれています。（一）は全体の印象が「おっとり」していたとします。著者の解良栄重《けらよししげ》は「〔大意〕心広ければ、体は豊かなり」という『大学』の言葉を引用します。心が広々としていれば、体が伸びのび・おっとりしている、というわけです。同じく、良寛の挙動について、（一八）は「〔大意〕師、常日頃、喜怒の表情を見せず。早口で話すのを聞いたことがない。食事や立ち居振る舞いもゆるやかで、愚かな人《うすのろ》のようであった」と、語ります。ここでも、良寛が細長型の性格であることが分かります。クレッチュマーは細長型を「動きは大そう鈍くぎこちない」「動作がのろく、不器用」「だらりとしている」「無頓着」などと形容します。外的な刺激になめらかに順応しにくい気質であることが推測できますが、心の内部は芸術・瞑想・少数の人に対する夢想的な愛着などで豊潤に充たされているのが典型的な細長型といえます。要するに、外面では「鈍感」であるのと同時に、内面では「敏感」であるのが細長型の気質の特徴です。

その気になればなれたはずなのに、一山一寺の住職になろうともせず、積極的に布教に歩いたりしないで、子供を相手に手毬をつく生活をおくったことは、（五一）の体格描写からも理解できそうです。読み下し（部分）と訳文を次に示します。長身・やせ形で鼻が大きいのは細長型の典型です。ただし、無欲で、和歌・漢詩にたけ、書をよくし、動植物を愛し、周囲を和ませる人柄だったので、良寛を敬慕する人が多かったわけです。

　師、神気内《しんきうち》に充《み》ちて秀發《しゅうはつ》す。その形容神仙《けいようしんせん》の如《ごと》し。長大《ちょうだい》にして清癯《せいく》、隆準《りゅうせつ》にして鳳眼《ほうがん》、温良《おんりょう》にして嚴正《げんせい》、一点香火《いってんこうか》の氣《き》なし。（〔大意〕師は、内にある精神が充実していたので、見るからに神仙のようであった。長身で痩躯、鼻が高く、鳳凰のような切れ長の眼、人に接する温かみ、自己に対する厳しさがある。師の全身からは抹香臭さはすこしも出ない）

　良寛がなごやかな気分を周囲の人たちに及ぼした話があります（四七）。良寛が泊まった家では、家人は上下のへだてなく睦合《むつみあ》い、和やかな気分が、師が帰ってからも、数日家に満ちていたそうです。良寛は難しい話はしないのですが、一晩語りあうと、胸の中が「すがすがしく」なったとのことです。時々、台所で火を焚く手伝いをしたり、座敷で坐禅をしたり、ただゆったりとしているだけで、自然と人を教化《きょうけ》するようになったそうです。これも、良寛の気質から説明がつくでしょう。良寛の穏やかな性質が人々にも伝播し、和やかな気分が浸透するのでしょう。

　良寛は、内輪の知り合いと付きあうことがあっても、基本的には非社交的でした。このことも「細長型」のあらわれです。『良寛禅師奇話』（四、五）に「師、常に言う。吾《われ》は客あしらいが嫌いなりと」、

「また、常に言う。吾人《われひと》の家に至れば必ず何処《どこ》より来たのかと問う。何の用があるのかと（〔大意〕また、口癖のように「わたしが人の家に行くと、必ず『どこから来たのか』と尋ねられる。何のためにそれを知る必要があるのだろうか」と、いう）とあります。良寛は人付き合いが苦手で、人が自分を詮索し、警戒するような態度をとるのを嫌ったとも伝えられます。これも「細長型」の特徴です。

以上の挿話のうち、特に第四七話は、良寛の性格が妙好人と親和性があることを示します。他に、子供だましの話にこころから恐怖を感じ、知人の言うことであれば疑うことを知らず、加害者のことをかえって心配する話（九、一〇、一一）なども、良寛が他人に対し攻撃的でない、穏やかな性格であることを伝えます。この性格が「無頓着」「愚鈍」という特徴を帯びると、「奇人」と評される行動につながります。第四四話では、泥棒が国上の草庵に盗みに入ったものの、盗るものがないので、良寛の寝ていた布団をそっと引っ張って取ろうとしたのですが、良寛はそのことに気付き、知らん顔をして、身を転がして布団を取らせた、と加害者に同情するような振る舞いがみられます。

なお、守一にも似たような挿話があります。大正四年頃、信州から再び東京に戻り、音楽好きの仲間と朝まで話し込んで、日暮里の下宿屋で昼夜逆転の生活をしていたときの話です。「ある日、例によって昼間眠っていたところ、ガタゴト音がして空巣がはいってきたことがありました。こちらは目が醒《さ》めたがじっとしていると、何かぶつくさひとりごとを言っているので、こちらもついうっかり合いづちを打ったら、向こうはびっくり仰天して逃げて行ってしまいました。昼間なのに雨戸が閉めてあるので、留守だと思ったのでしょう」(『へたも絵のうち』120頁)と、間抜けな泥棒が逃げ出した以上に、守一の「のんびりぶり」が目立ちます。これと言って取られるものが無いこともあり、泥棒に対する警戒心も物への執着もありません。

また、良寛には、第二九話にみられるように、峠の山頂で休んだあと、うっかり同じ道を下って托鉢して歩いた逸話があります。それを知った人が「さっきの托鉢の坊さんではないか」と、指摘したところ、良寛は驚きあわてて帰ったとのことです。かなりの「うっかり者」だったのですが、同じような話が守一にもあります。美術学校の二年目の夏、守一は長いスケッチ旅行にでかけました。その時の話です。朝早く宿をたって、昼ごろまでほとんど休みなく歩き、ずいぶん道のりを稼いだと思い、ふとあたりを見回すと、様子がどうもおかしい。「なんのことはない、目の前にさっきの宿屋がありました。若かったから、宿の人に会うのがはずかしい。ひとりで顔を赤くして、宿の前を大急ぎで通りすぎました。半日以上もかけて、大きな輪をひと回りしたのです。とりわけ道標も気にせずにいっしんに歩いたので、足のクセが出て右に右に曲がっていったのでしょう」(『へたも絵のうち』73〜74頁)。

さらに、第九話に、昔、半兵衛という者が酔った勢いで良寛をいためつけたことがあり、良寛はそれを忘れずに恐れていたので、托鉢中、ここは半兵衛の家だと言って、人が良寛をからかったところ、良寛はその言葉を真に受けて、忍び足で逃げ去ったのですが、その隣もやはり半兵衛の家だと言われ、またしても逃げ去ったとのことで、同じことを十数軒で言われ、同じ様に立ち去った、とあります。恐怖のあまり、パニックに陥ったのでしょうか。守一にも琵琶の音を恐れて下宿に帰れず、雨に濡れながら徘徊した話があります。守一の三十代の終り頃の話です。琵琶の音を恐れるにしても、パニック症状ともいえる子供じみた振舞いです。

このような似かよった逸話がみられることからも、守一が良寛に似ていると言われるのでしょう。秀子夫人の話では、守一は「一つのことを考えると、それで頭がいっぱいになって融通がきかなくなる」ところがあったそうです(『へたも絵のうち』128頁)。関東大震災のときも、赤ん坊を抱き上げて裏庭に飛び出たものの、夫人のことはまったく忘れていたとのことです。

第一四話で、炉の片隅の小壺に醤油のモロミを貯えておき、食べ残しをこれに入れて、虫が湧く夏にもこれを食べ、客にもこれを食べるようにすすめるものの、誰も食べなかった、と衛生観念がひどく鈍かったことが紹介されます。良寛は臭気も不潔も気にしなかったそうです。これに似た話を加藤喜一『良寛と禅師奇話』(考古堂書店、1980年、168頁)が紹介しています。実話かどうか疑問ですが、火葬場でこわれたお椀を拾ってきて、客に御汁を盛って出したとか、客の足を洗うのに、味噌をする鉢に水を入れて出したとかいう話です。常識的にみれば、「無頓着」も度を超しています。

第二六話では、茶会で濃茶を全部飲み干したところ、次席に客がいることに気付き、口から茶を椀に吐きだして渡したそうです。この客は念仏を唱えて飲んだ、と伝えられます。また、第二七話では、茶席で鼻くそをほじって、それを右側に置こうとすると、この客が袖を引くので、やむなく左に置こうとすると、これもとがめられ、やむなく鼻の中にもどしたとのことです。まったく悪意のない「無頓着」も良寛の性格の一端でしょう。ただし、第二六、二七話については、これらに類似した笑い話が良寛十六歳のころ出版された本に収録されているとのことです（松本市壽『良寛』角川春樹事務所、2000年、210頁）。

しかし、たとえそうであっても、良寛の奇行とみなしても不自然とはならないでしょう。好きなことであれば、人の眼を気にしないで我を忘れて遊び呆ける幼児のような側面も周囲の人々に愛されました。夏のおわり、中元の盆踊りで、踊りに熱中するのをからかわれても、得意になって益々踊り狂ったそうです（第三一話）。ときに、病気であっても、踊り明かしました。盆踊りや手毬つきのリズムに陶酔し、言い知れない喜びを感じたのでしょう。良寛が得意とする草書もリズム感があふれていると指摘されます。

看板書き・タバコ

「書」について、良寛と守一には似たような挿話があるので、紹介します。

良寛は人に頼まれても書をかきたがらなかったようです。『良寛禅師奇話』（四三）によると、新潟町の飴屋万蔵という者が師の書を看板にかいてもらおうと思い、紙や筆を持ってきて、師のあとを追い、ひたすら頼んでやっと目的を達したのですが、師はある人に「私は今日ひどい目に遭った」などと、話したそうです。良寛に揮毫させる策略がめぐらされ、それに引っかかってしまったことを、災難と嘆いてみせたのでしょうか。『前掲書』（一二）によると、良寛が人に書をかくように求められても、「練習して、上手になってから書きましょう」とか言って、なかなか書きたがらなかったそうです。気が向いて書いても、自作の詩歌を暗記して書くので、脱字や表現の違いが起きたのですが、そのことを気にしなかったとのことです。

熊谷守一は良寛ほどには揮毫について気難しくはなかったようです。映画『モリのいる場所』に、信州は蓼科の温泉旅館「雲水館」の主人が看板を守一に書いてもらうために上京した場面があります。この映画のシナリオは、実際にあったことに基づいて作られたのではないようです。ただし、断片的にですが、『蒼蠅』に似かよったことが書かれています（91、165、168頁）。

守一が頼まれてかいた書で「桃太郎」というのが一番大きいものだそうです。「こんな大きな桃太郎をどうするのかと思っていたら、どこやらの喫茶店の看板にしたんだそうで」す（91頁）。映画では旅館の看板を書くように求められたのですから、喫茶店と旅館の違いがあります。「昔の田舎は遠かったし、今の田舎も遠いと思っています。それでついつい遠くからきた人や、古里からきた人に仕事を頼まれると、してあげています」（165頁）という部分は、映画の場面とほぼ同じですが、どのような字を書くように頼まれたのかは不明です。

守一には書きたくない字があって、「まえに棟方志功さんに無尽蔵と書いてくれと頼まれて、それは書きたくないっていったら、棟方さんが、無尽蔵と無一物は同じことなんだというのです」（１６８頁）と、むちゃくちゃな理屈に閉口しています。「名古屋の展示会のあと、方々から字を頼まれるようになってよく書きました。数の中には気が進まないで書いた字もありますが（下略）」（『蒼蠅』79～80頁）とのことです。映画『モリのいる場所』では、書くように求められた旅館の名前を書かず、「無一物」と書いて、依頼者を当惑させています。

なるべく書きたくないのは、「日々是好日」とか「謹厳」でした。「日々是好日」はいかにも悟ったような臭みのする言葉であることが嫌だったのでしょうか。「謹厳」については、「書の字句は漢文や思いついたものを書きますが、人から頼まれたものは気に入らず、大概できが悪いようです。『謹厳』というような字を頼まれると、字は間違うし、謹厳というものの持ち合わせもありませんから、どうしてもよいものにはなりません」（『蒼蠅』19頁）と、自分の柄にもない言葉であったので、思い入れができませんでした。

好きな字は「独楽《こま》」「人生無根帯《むこんたい》」「無一物」「五風十雨」です（『へたも絵のうち』１４９頁）。これらの字は人間臭さがない字です。自然の摂理をあらわします。「人生無根帯」の「帯《たい》」とは「柿やナスビのヘタ」のことで、全体として人生にはたよるべきものはない、という意味でしょう。「五風十雨」とは、守一の説明では、五日に一度風が吹き、十日に一度雨が降るという自然の循環を示すもののようです。なお書について、守一は「自分に何も無いから書くのです」（『熊谷守一の書』求龍堂、１９７３年、55頁）とも言います。書くという営みが、自己の実体化につながるという意味でしょうか。難解です。

「タバコ」について、良寛にほほえましい逸話があります。『良寛禅師奇話』（三）によれば、「〔大意〕また、煙草も好み、初めは煙管《きせる》、煙草入れなどを自分で持つことはなく、人のもので吸っていた。後には自分のものを使った」と、されます。松本市寿氏（『前掲書』１８２頁）は「良寛の書簡には、煙草の贈り物に対する礼状があり、それは解良《けら》家宛五通が最も多い」と、良寛が解良家と親密な付き合いをしていたと指摘します。礼状には「煙草一袋、茶、菜、みそ豆、酒、米、香、燭、もち」が書かれています。忘れ物が多かった良寛ですが、礼状をこまめに出しています。良寛の健忘症は相当程度のもので、他家に持物を置き忘れることが多かったので、その家を去る前に、持物のリストを読むように人に勧められたそうです。その書き付けが今でも残っています。その中に遊具の「手毬・ハチキ（おはじき）」がありますが、「煙管・煙草入れ」は書かれていません。人に借りて吸っていた頃の書き付けでしょうか。

守一もタバコが好きでした。三十歳くらいから、刻み煙草を吸っていて、紙巻きは紙の匂いが嫌とのことです（『蒼蠅』33頁）。煙管ではなく、パイプを使うのですが、一日に紙巻煙草二十本分をほぐして吸うのだそうです。古いのはアメリカのコーンパイプで五十年以上使っているとのことです。守一も良寛と同じく貰い物の煙草（葉巻）を吸ったそうですが、高級品を贈られるのには困ったとのことです。晩年、夕食後、パイプをくゆらせながら秀子夫人と碁に興じるのが楽しみでした。

囲碁は良寛も好みました。『良寛禅師奇話』（一六）（一七）によると、負けると機嫌が悪く、銭をかけてやったようです。対局の相手は良寛に遠慮して、勝ちを譲るので、「〔大意〕銭が多くて、困る」と、富豪の気分でした。ある時、名主と対局し、良寛が勝ち続けたので、名主は怒るふりをして、「今後、わが屋の出入りは許さない」と言ったところ、良寛はひどくしおれ、仲介の人に謝ってもらい、やっと名主の門をくぐり、主人と碁を打ちはじめたとのこと。かなり碁が好きでした。

なお、良寛の酒好きは知られていたのですが、酒に酔って乱れることはなかったそうです。『良寛禅師奇話』（二）には、「〔大意〕農夫や村の老人など、誰とでも銭を出し合って、酒を買って飲むことが好きで、互に杯をかわし誰が多く飲むということもなかった」そうで、酒癖はよかったといいます。少数の知り合いと分け隔てなくおおらかに酒を楽しみ、度を超して酒を飲むことはありませんでした。飲み友達との付き合い方についても、おだやかな性格がうかがわれます。なお、守一はまったくアルコールを受け付けない体質でした。酒が飲めないのは父親譲りの体質のようです。

『良寛禅師奇話』に述べられている逸話を総合して、良寛の人柄をまとめると、細長型の「内閉性」を基盤に、その両端に「敏感」と「鈍感」の性格特性があるようです。その中間には人を和やかにさせる「ほのぼのとした気質」があって、それが良寛を「妙好人」たらしめる中核の性格特性だったと思われます。「鈍感」部分は人にユーモアがあるように受け取られる行動につながるのですが、良寛自身にはその意識はありません。

守一の「南無阿彌陀佛」

ところで、守一は仏教についてそれほど専門的な知識をもっていなかったようです。例外的に、聖徳太子の言葉「我必非聖　彼必非愚　共是凡夫耳」(「十七条憲法」の第十条) を具体的にあげて、「おれだけが決して利口じゃない、お前だけが決して馬鹿じゃない、どんなにしたところでみんなただの人なんだという意味の聖徳太子の言葉です (中略) こんな見事な言葉を残した聖徳太子って、なかなか偉い人だったんですね」(『蒼蠅』169頁) と、評しています。これは真宗、さらには妙好人の基本的な人間観で、守一は誰もが凡夫《ぼんぶ》であるという見方が分かっていたことになります。「凡夫」とは並の人、平凡な人のことではなく、「愚か者」の意味です。

守一が浄土門の信仰に傾斜した形跡は特にありません。むしろ、守一の信仰は堅苦しい教義にとらわれない阿弥陀仏信仰とみなせそうです。民間信仰といえるでしょう。阿弥陀仏信仰といっても、阿弥陀仏に限らず、諸仏・諸尊をひっくるめて、人知を超えた存在を感じ、これを敬う心なのでしょう。守一の書いたものや発言は浄土教の専門的な素養をうかがわせるものではなく、次の発言のように、かなり直観的な印象を述べたものといえます――「何時だったか、わたしに信心の心があるかって聞かれたことがあります。実際に仏様を拝んだり、地獄極楽の世界を信じたりするのでなしに、こういうのが信心かなと、自分の心に思うことはよくあります。そういう意味では信心の心があると思います。『南無阿弥陀仏』の字にしても、信心があるのとないのと、書いた人で違います。見ればわかります」（『蒼蠅』55頁）――。

『前掲書』（81頁）に、同じ趣旨の言葉があって、続けて「わたしに信心があるかといえば、あるでしょう。あると思います」と、述べています。守一のいう「信心」が何かはとらえにくいのですが、この世とは別次元の世界があることを感じているのでしょう。その「感じ」を「信心」というのでしょう。守一にとって、「欲のない世界の果て」が「別次元の世界」で、尊い世界ということになるのでしょうか。なお、守一の日記に「十一月二日　つや。佛そを。后三時過、埋そを。佛式の下らぬ事」（『守一のこしたもの』岐阜新聞社、２００４年、１７８頁）と、あります。佛式が下らないというのは、仏教儀礼のことをいっているのでしょう。明治四十三（１９１０）年、母親が死んで付知にもどり、その通夜と葬儀・埋葬に立ち会った時の感想です。守一は儀式を嫌っていたようです。

守一の書に「南無阿彌陀佛」が数点、平仮名の「なむあみだぶつ」もあります。昭和二十二（１９４７）年、守一は「南無阿彌陀佛」を書きましたが、そのとき、長女・萬（二十一歳）は病状悪く、もう身動きできなかったそうです（『無一物　熊谷守一の書』世界文化社、１９９７年、14頁）。その年の十一月、萬は死にます。また、これとは別に、死ぬ一週間前に黒板に白墨で「南無阿彌陀佛」と萬は書いているのですが、それを守一が模して書いたものが残されています。「今朝亡き娘の字を模して」とあります。蓮台の上に置かれた石の卒塔婆に名号が書かれている図柄になっています。さらに、昭和三十七（１９６２）年の作に、「南無阿彌陀佛」の右に燭台に蝋燭が灯っている絵があります。守一が八十二歳のときの作品ですが、力強い運筆です。

守一は「ほとけごころがあるから書く気になるのです」（『熊谷守一の書』求龍堂、１９７３年、42頁）という言葉をもらしていますが、「ほとけごころ」とは「信心」のことでしょうか。守一は長女・萬の六字名号をまねてから後にも、時に「南無阿彌陀佛」と書くことがありましたが、向井加寿枝（『前掲書』、80頁）は、「その時々によって形は違っていますが、いつも祈る心がなければ書けない、といっておられました」と、守一の言葉を振りかえります。

また、「往生はなむあみたふて事たれりこれより外を思ふべからす」という書も残しています（制作年不詳）。「南無阿彌陀佛」とい

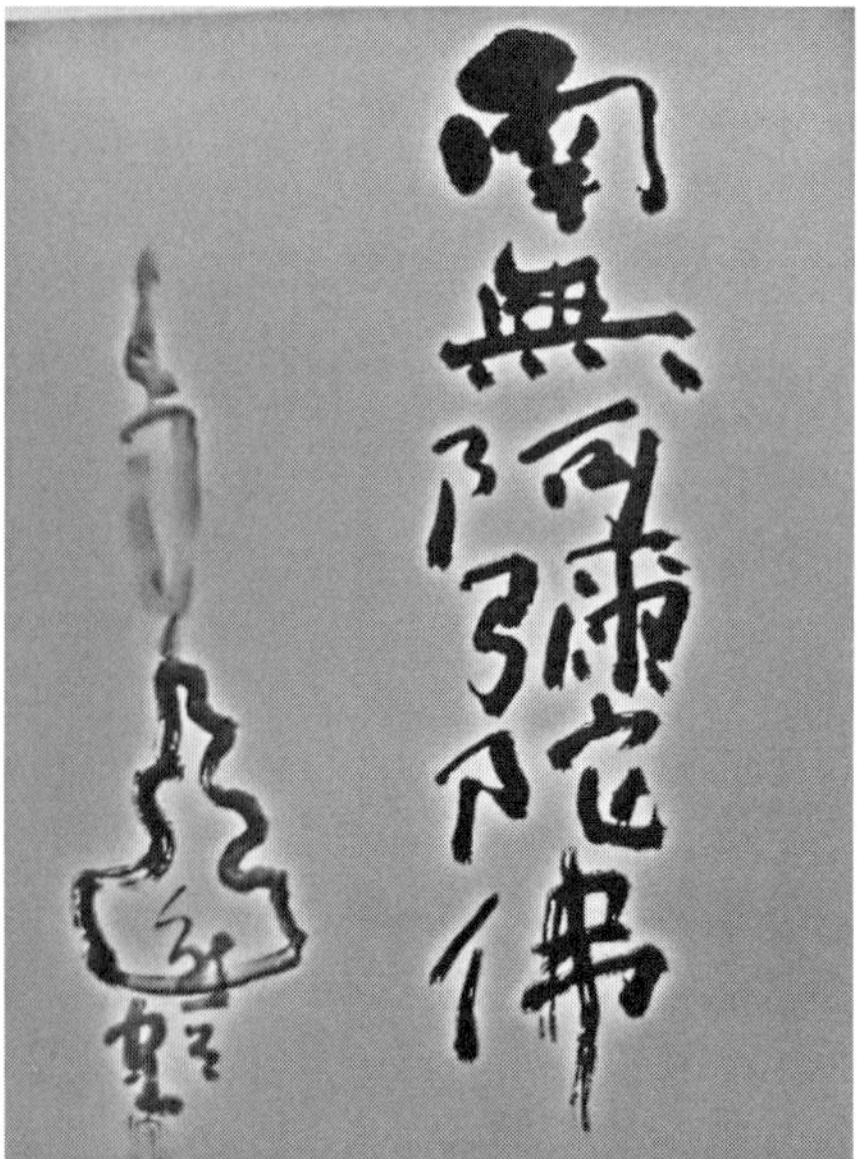

「熊谷守一の六号名字」
（愛知県美術館 木村定三コレクション）

う言葉を書くからといって、必ずしも浄土門系の信者であるとはいえません。阿弥陀仏信仰は仏教全体に広がっていて、日本の民間信仰といえるからです。守一の実家がどのような宗旨であったかは分かりませんが、特に熱心な宗教的な感化をこうむることもなかったようです。それでも、「信心のこころ」が自分にあることを守一自身が認めていますし、信心のある人が書いた「南無阿彌陀佛」にそれが感じられるといいます。

守一は、死後の供養をテーマとした絵をいくつか描いています。《仏前》《ヤキバノカエリ》が代表的なものです。単純明快に「いのち」への祈りを絵画化しています。守一にとって、宗派の違いは問題ではなく、「信心」が肝心だったようです。それは良寛も同じです。

「南無阿弥陀仏」は六字から成るので六字名号といいます。一字一字の意味は意識せずに、これを呪文のように称えるのがふつうで、その内容について深く考える人は多くありません。守一にしても恐らくその例にもれなかったように思われます。ただし、知的に理解することと、宗教的な直観は別物です。

守一の画業そのものに宗教的な味わいがみられることは否定できませんし、昭和天皇が「何歳の子供の絵か」と尋ねたように、その絵はうまく見せようとする作為を超越しています。守一の絵は、表題がついていても、何を描いているのか分からない場合があるのですが、それは守一が表面的な描写を超えて、ものの本質だけを描いているからでしょう。普段、人間はものの外面に目がひきつけられているので、にわかにはその本質が認識できないのでしょう。それに、他人の目を気にかけて生きているのがふつうの人間ですが、守一は人の目にどう映るのかを意識しないで描いているようです。

守一の生き方にも妙好人をおもわせるものが濃厚にあります。本書第一章の終わりに、それを物語るエピソードを一つ紹介しましょう。

守一は東京美術学校を卒業した翌年、樺太に行きます。各地の風景などをスケッチする仕事で給料をもらいました。アイヌ人とも気心が通じたそうです。樺太では漁港があると上陸して、調査するのですが、守一はアイヌ人にひどくもてたそうです。守一の気質にアイヌ人と共鳴するものがあったことは確かです――「彼らは漁師といっても、その日一日分の自分たちと犬の食べる量がとれると、それでやめてしまいます。とった魚は砂浜に投げ出しておいて、あとはひざ小僧をかかえて一列に並んで海の方をぼんやりながめています。なにをするでもなく、みんながみんな、ただぼんやりして海の方をながめている。魚は波打ちぎわに無造作に置いたままで波にさらわれはしないかと、こちらが心配になるくらいです。ずいぶん年をとったアイヌが二人、小舟をこいでいる情景を見たときは、ああいい風景だなとつくづく感心しました。背中をかがめて、ゆっくりゆっくり舟をこいでいる。世の中に神様というものがいるとすれば、あんな姿をしているのだな、と思って見とれたことでした。私は、そのころも今も、あごをつき出してそっくり返る姿勢はどうも好きになれない。反対に、老アイヌのああいう姿は、いくら見てもあきません」（『へたも絵のうち』84頁）――。ただ海をながめているだけのアイヌ人の姿は、大自然に同化して瞑想する本来の人間を想わせるものでしょう。画家として守一が共鳴し、到達することができた境地ともいえます。

老アイヌについて、神様のように感じたという印象は守一が「妙好人」そのものの感性の持主であることを想わせます。このとき、守一は血気盛んな二十五歳の青年でした。この世の物事に執着せず、「神仏」の存在を感じ、それで満たされたような気持になれる性格なのでしょう。何もしないでじっとしていることに耐えられるのが特技であるというのは、無欲であったからでしょうか。「監獄にはいって、いちばん楽々と生きていける人間は、広い世の中で、この私かもしれません」(『へたも絵のうち』160頁)と、仙人らしき発言をしています。仙人は仙人でも、極度に内閉的な仙人です。

また、「結局、私みたいなものは、食べ物さえあれば、何もしないでしょう。犬もそうだ。食べ物さえあれば、ねそべっているだけで、なにもしない。あれは、じつにいい。その代わりというのか、金に不自由がないときでも、ぜいたくをする方法をよく知りません」(『へたも絵のうち』41〜42頁)と、最低の生命維持のためのものにしか執着していません。守一の生きている世界は世俗的な欲望を超越した「超俗的」な世界のように思えます。このような性癖がもたらした守一の「超貧乏」ぶりの生活は、それを目撃する人を驚愕させたりしました。昭和十年前後がドン底だったようです。守一、五十歳代中頃でした。

まとめ――「還相的《げんそう》人格」――

「妙好人」というと、真宗の篤信者であることが想定されます。しかし、その範囲に限定するならば、本質的に妙好人であるはずの人物を排除することになります。本章で扱った熊谷守一は特定の宗旨に入れ込んだ人ではありませんが、「ほとけさま」などの書をかいていることからも、信心をもっていると自分でも認めています。その「信心」の内容も問題ですが、守一の人間像全体から妙好人であるかどうかを推定するのが重要と思われます。

また、近世末期の禅僧・良寛は、最晩年に「阿弥陀仏」を詠んだ歌を十首余り残しているのですが、少なくとも外面的には禅宗の僧として生涯をとじました。墓碑に「良寛禅師墓」と刻まれています。ところが、その人間像全体から、良寛を妙好人とみなす見方も成り立ちます。さらに、熊谷守一と良寛には類似点が少なからずあります。つまり、良寛が妙好人であれば、守一もそうであった、と言えそうです。

本章の【妙好人の特性】で、六項目の特性をあげました。こうした特性の有無を良寛、守一に当てはめてみると、妙好人であるかどうか、その可能性が推測できるわけです。近代妙好人の代表として、その特性を抽出したのは「讃岐の庄松」「三河のおその」「物種吉兵衛《ものだね》」「三田源七《さんた》」「因幡の源左」「浅原才市《さいち》」などです（「因幡の源左」の言行録は本書第三章の基本資料です）。彼らはすべて真宗の篤信者でした。しかし、こうした妙好人の特性は真宗の範囲に限定されず、良寛や守一のような人間にも見出されるものです。

クレッチュマーの『体格と性格』によると、良寛と守一は共通項として、「内閉」の特性をもつ類型に入るようです。本章では良寛と守一の性格特徴を指摘しましたが、良寛については、良寛と直接に接触した解良栄重《けらよししげ》の『良寛禅師奇話』や、その他の伝記的な資料から具体的にその体格・性格を裏付けました。守一については、その生涯の伝記的な吟味は次章にゆずります。

良寛の場合は体格・性格とも典型的な「細長・内気」型で、クレッチュマーはこの型の性格特徴として、「非社交的・静か・控え目・まじめ・臆病・敏感・恥ずかしがり・従順・気立てよし・正直・落ち着き」などをあげています。「細長型」の気質にもいくつかの性格群があるようです。第一群は「内気」、第二群は「精神の過敏」、第三群は「鈍感・自発性の欠如」が目立ちます。概して、この気質の性格特徴は「敏感と冷淡の極」の間に位置するとのことです。良寛の場合も、まさしくこれに当てはまります。

『良寛禅師奇話』（一、一八、五一）によれば、長身・やせ形で鼻が大きく、動作はせかせかしていなくて、ゆったりし、愚鈍《うすのろ》のように見え、口数は少なく、喜怒哀楽の表情を見せなかったそうで、細長型の典型です。ただし、無欲で、和歌・漢詩にたけ、書をよくし、動植物を愛し、周囲を和ませる人柄だったので、良寛を敬慕する人が多かったわけです。動植物に対する情愛を示す逸話（三六）もあります――「［大意］竹の子が屋根につかえて伸びられないのに気付き、屋根の一部を火で焼いて穴をあけようとしたが、そのため全体が焼けてしまった」――。良寛にはこのように頓馬なところがあったようです。一部に注意を集中し、全体を把握することが苦手だったのでしょうか。
また、第四話「客あしらいが嫌い」にみられるように、人付き合いが苦手でした。第五話で、人が自分を詮索し、警戒するような態度をとるのを嫌った、とも書かれています。「世の中に　まじらぬとには　あらねども　ひとり遊びぞ　我は勝れる」という歌にもみられるのが「細長型・内気」の性格特性です。

第四七話は特に重要です。妙好人の人格特性として重要な「還相的」という特性の持主であることが述べられているからです。良寛が来て泊まると家中の人が和やかな気分になり、帰ってからも、それが数日続いたとのことです。仏・菩薩の慈愛を自ずと感じさせる人格でした。これは「還相《げんそう》的人格」と呼べるものと考えます。子供たちと手毬をつき、若菜を摘む生活ぶりも良寛にふれる人々を和やかな気分にしました。良寛没後ほぼ二百年経ちますが、良寛ファンは絶えることがありません。

浄土門の教理では、「還相」とは、臨終で浄土に往《い》ってから、再び迷いの世界（＝穢土《えど》）に還《かえ》り、人々を教化すること、とされます。つまり、死んで浄土に往生していない者には「還相」の働きはないことになります。ただし、浄土に往っていなくても、「平生業成《へいぜいごうじょう》」といって、生きながら浄土往生が決まっている人にも、「還相的作用」が期待できると考えられます。良寛にはこの「還相的人格」が備わっていたようです。生きながら人々を教化する平生業成型の人格の持主といえるわけです。

良寛は宿泊する家でただゆっくり過ごしているだけで、火を焚く手伝いをし、坐禅をするぐらいで、難しい話をするわけでないのですが、自ずとその人格から人々を和やかにするものが滲み出たのでした。「妙好人」の欠くべからざる特質が「還相的人格」であることは、次章以下で明らかになるでしょう。無学で字もろくに読めない極貧の下層民が「還相的人格」として敬愛された事例は近世末期の妙好人伝にみられます。たとえば、因幡の源左、田原のおその、讃岐の庄松などがよく知られています。「還相的人格」は必ずしも「細長型・内気」を土台に成り立つとはいえません。「還相的人格」は「体格と性格」の上位に位置する稀有で不思議な人格です。

熊谷守一については、赤ん坊を「神様のようだ」とかわいがり、庭にムシロを敷いて昆虫や植物を観察し、損得を超越した仙人のような生き方を貫きました。そうした生き方が画業に反映し、多くの愛好者を得ました。守一は「生きものが好き（大意）」といいます（藤森武『前掲書』１２５頁）。動植物にしても、野生が好みで、装飾的な物を嫌いました。その書画作品も物の本質に迫り、宇宙の呼吸と同化するものでした。

守一の無欲は文化勲章を断ったことにもみられます。文化勲章を断った人はごく少数です。拒絶の理由については「わたしは別にお国のためにしたことはないから」とも、「残り少ない命をせめて自分のやりたいように生かしてくれ」とも、言います（熊谷榧「前掲年譜」『蒼蠅』所収、３０６〜３０７頁）。本当の拒絶理由は少し違うようですが、守一が大変怒ったとも伝えられています。このことは後（次章）でふれます。「晩年、連続して話を聞いた時に強く感じたのは、その態度や言葉に、嘘や衒《てら》いが全くなく、見事に自然であったことである。だから会って話を伺ったあとは、いつも晴ればれとした感動が残った」と、日本経済新聞社の文化部記者であった田村祥蔵氏（『前掲書』67頁）が述べています。無欲であることが「還相的人格」を培ったのでしょう。

なお、守一は運動能力にめぐまれ、器械体操などが得意だったそうです。体格は立派で、当時としては上背があり、細長型と闘士型の混合でした。肥満傾向は、昭和二十六年（守一、七十一歳）に二十貫（七十五キロ）になったときがおそらく最高で、医師である友人の勧めで減量しています（大川公一『前掲書』２８６頁）。減量で不整脈も治りました。若い頃（大正二年、守一、三十三歳）の日記（六月）には体調を悪くしたせいか、かなり体重を減らしていて、十五貫（五十六キロ）が記録されています（『守一ののこしたもの』１８７頁）。守一は基本的には肥満体質ではないようです。

守一の気質は「内気」ですが、良寛ほど極端ではありません。むしろ「頑固」が目立ちます。長年連れ添ってきた夫人の言葉が守一の性格をよく言い当てているように思われます。

　主人はとても人好きですので、子供はかわいがりますし、お友達は多かったようですが、大事に思うことがあまりに人と違っているので、一応のおつき合いで、それ以上のふれ合いには（家族を含めて）なりにくいと思います。（熊谷秀子「わたしたちの日々」『蒼蠅』所収、２２５頁）

守一は基本的に人好きだったようで、狷介《けんかい》で人付き合いを嫌うところはなかったようです。『蒼蠅』（209頁）で、守一は「一番好きなものは人間、一番嫌いなものも人間」という言葉に同感しています。ただし、仙人と評されるように、相手に迎合することはまずありませんでした。基本的な感性が大方の世間とずれていたので、おのずと限られた人だけと付き合う結果になり、仙人呼ばわりされたのでしょう。守一が七十歳頃のことですが、守一の芸術にほれ込んだコレクター・村山氏と小田原の海辺を散策したおり、急に立ち止まり、沖合をじっとながめていた守一に、村山氏は「画題がお出来になられたのですか」と、愚問を発したところ、守一は無言だったそうです。「言葉が返ってこなくとも少しも不快に感じさせず、むしろ温かさを思わせる、これも不思議な魅力の一つであった」とは村山氏の述懐でした（田口栄一『天真のふたり――熊谷守一と村山祐太郎の世界――』ゆりあ、1990年、57頁）。

無言でたたずむだけで、温かさを醸し出す人格も「還相的人格」といえるものでしょう。また、村山が守一宅を初めて訪れたのは昭和十七年夏でしたが、初対面の印象は一言でいうと「これは尋常の人ではない」でした。そして、脳裏に焼き付いたのは「普段鋭い眼光でしょうが、私を見る目は微笑していた。なんと澄んだ魅力的な目であろうか、とこの一瞬を、私は八十歳を越えた今日に至るまで、感動なくして思い出すことはできない」（『前掲書』35頁）というものでした。

守一と村山は人間的に共振するところがありました。実業家として、村山は苦労人・人格者とみなされる資質をもっていたようです。「村山さんは人の信頼を裏切らず、なにごとにも誠意を積み重ねて生きることを信条としていた。幼いときから辛酸をなめて、一代を築いた苦労人であったから、人と争ったり、私利私欲に走ることを極力戒めてきた。それが人として正しい生き方であると信じて疑わない」という評価が聞かれます（『前掲書』31頁）。

守一の性格には「内気」と並んで、「頑固」がありますが、この「頑固」は自己の感性に従順であることに向けられます。この感性とは、世俗的な欲望を充足させる意味での自己中心性とは無縁でした。「大事に思うことがあまりに人と違っている」という表現が守一の性格をよくあらわしています。それでも、ある程度の我慢をして、世間と折り合いをつけていたようですが、その副作用が家族に向けられました。

秀子夫人は守一が家庭内で癇癪をおこしたといいます――「世間では気に入らないことが一ぱいあるわけですけれども人好きだもんですから、特に子供好きですから、友達とでもずい分性格の違う人もそれなりの付き合い出来るところでやってたようですね。家庭ではすごくやかましくなっちゃう。子供なんかまだ小さいのにとても厳しくかんしゃくをおこします。私にはなおさらです」（大川公一『前掲書』31頁〔初出『岐阜日日新聞』昭和五十二年元旦〕――。守一はときには子供を殴ったようです（熊谷榧『前掲書』57頁）。秀子夫人の回想によると、若い頃の守一はかなり気難しいところがあったようです。

長男が生まれたのが結婚の翌年でしてね。これを機に、絵を描いてくれたら、と思いましたが、制作のほうは相変わらずでしょ。それで着せるものをどうしようかと聞きましたら、「風呂敷に穴をあけてかぶせとけ」なんてね（中略）家庭といえば、晩年になってからは、いくぶんおとなしくはなったものの、ついこの間までは大変な暴君でしたよ。子供をとても可愛がるくせに、自分が嫌だと思うことは絶対に許さなくてね。まだ小さい子供にそこまできつくいわないでもと思うことも度々でした。そのようなありさまですから、私にだって（中略）制作にしても、自分一人にならないと描けないとかで、画室に入ったが最後、出てくるまでは誰も入れないんです。私でさえ、急用ができて、そっとのぞくことがあっても、とってもおそろしい顔でニラマレますからね（中略）どんなに怒っていても、イライラしていてもですよ。すぐに忘れてしまうというのでしょうか、横になるととたんに白河夜船なんです。それで翌日になればケロッとしたもので、なにがあったのかなんて顔つきでしたよ。（熊谷秀子〔談〕「亡夫守一のこと」『アサヒグラフ別冊　美術特集　熊谷守一』１９７８年、84～86頁）

闘士型の粘着気質には「頑固」と、感情の爆発性（忿怒）があるといわれますが、この怒りは容易に鎮められます（クレッチュメル『体格と性格』２５２頁）。秀子夫人の話にあるように、守一はどんなに怒っていても、じきに忘れてしまい、翌日にはケロッとしたものだったそうです。

妙好人の宗教的な特質は「他力信仰」です。凡夫であるゆえに、自己の能力を頼まず、宇宙の摂理ともいえる「阿弥陀仏」の慈悲の力に身を委ねる信仰ですが、この考えは聖徳太子の「十七条憲法」の言葉を通じて、守一も心得ていました。ただし、浄土教の教義についてはそう深い知識はなかったようです。むしろ、守一の信仰はばくぜんとしたものだったようですが、おそらくは他力信仰につながるものだったように思われます。守一には自力信仰は似つかわしくありません。物心がつく頃には、人と競争して頭角を現すといった考えはなかったといいます。内閉的な性格が目立つようになります。「退き退き生きてきた」人生でした。

守一は「南無阿彌陀仏」の書をいくつか書いています。特定の宗旨の色付けにかたよらず、奥深い蒼古の世界を想わせます。これに対し、良寛は禅僧としてその経歴を始め、禅師としてあの世に送られました。禅宗はどちらかといえば自力信仰の宗派で、良寛は禅宗の修行である托鉢行脚の旅にたびたび出ています。ところが、良寛は最晩年の島崎草庵時代に「弥陀（仏）」への帰依を詠う歌を集中的に残しています。また、「良寛に　辞世あるかと　人問《ひとと》はば　南無阿弥陀仏と　言ふと答へよ」も、あります。良寛が島崎の木村家の庵に移住したのは六十九歳のときで、五年後に死亡しますが、その庵の裏に木村家の菩提寺・真宗の隆泉寺があり、良寛が真宗の他力信仰になじんだのはこの島崎草庵時代だったのでしょう。良寛筆の「南無阿弥陀仏」の名号が残されています（良寛記念館蔵）。

このように、真宗との縁が必ずしも濃いとはいえないにしても、良寛および守一とも「南無阿弥陀仏」の他力信仰に傾いていたといえるでしょう。「還相的人格」がうかがえることからも、二人を妙好人と評しても無理がないように思われます。

次章では、熊谷守一の生涯を追いながら、妙好人と考えられる特徴にしぼって取り上げていきます。守一関係の本で、本書で多くを引用した『へたも絵のうち』は、昭和四十六（1971）年、日本経済新聞文化面にほぼ一カ月にわたって連載された自伝的な随想集です。守一の人間像を理解する手がかりを与えるもので、守一が九十一歳の時のものです。守一が口述するのを文化部記者であった田村詳蔵氏が文章にまとめました。のちに、田村氏は評伝『仙人と呼ばれた男――画家・熊谷守一の生涯』（中央公論新社、2017年）を書いています。守一にはもう一冊の随想集があります。『蒼蠅』（求龍堂、1976年）です。文章をあまり書かなかった守一が残した貴重な随想集です。また、本書を書くのに当たり、右記の田村氏の評伝と大川公一氏の『無欲越え　熊谷守一評伝』（求龍堂、2009年）を特に参照させていただきました。その他、参照・引用した資料は本文中にあげました。

第二章　熊谷守一の生涯——宇宙と一体化した男——

これより、守一の生涯を、伝記的な資料に基づき、誕生からその死に至るまでをたどり、特に「還相的人格」を形成する要因と思われるものを取り上げます。

守一は七人兄弟の末に生まれています。男は三人、二番目の兄はちょっとした変わり者で、性格が弱すぎるところがありましたが、守一とは仲良しで、「大人になってからも、毎日のように庭に出ては梨の木をさするのです。そして、『もう春が近い』などと、季節の変化の話をする」（『へたも絵のうち』22頁）という人間でした。それで、「梨の木の兄」と守一は呼んでいます。この「梨の木の兄」は「子供が六、七人できた頃、狂い死にしたと聞きました」（『蒼蝿』111頁）と、守一は語りますが、それ以上は狂死について事情はわかりません。

守一が十七歳で上京してからは、二人は芝の下宿でしばらく同居したようですが、その後のことを守一はほとんどふれていません。わずかに、「わたしはこの梨の木の兄が好きでした。一緒に芝居に行くと、すぐ登場人物に同情して泣きだすんです。わたしは芝居よりも、そんな兄を見てる方が面白かった」（『蒼蝿』118頁）、とか、守一が付知で「六年間山仕事をして、東京へ帰るとき、兄は遠い駅までの道をどこまでも送ってくれるのでした」（『蒼蝿』11頁）、とあります。次兄との深い兄弟愛がうかがわれます。当時、次兄は家族もちでした。その履歴について、守一は「慶応の中等部くらいは行ったようです」（『へたも絵のうち』21頁）と、言うだけです。

長兄とはそりが合わなかったようです。守一とは十歳違いの兄でした。大学を出て「岐阜の父の工場にいましたが、商才のある妾にけむたがれ、面白くなくて芸者遊びがはじまり、それを口実に家を出されていました」(『蒼蠅』120頁)。付知に戻った長兄は「製材の仕事をやっていました。山を持っているから、その木を切ってきては、材木にして売り出すのです。しかしいつも損ばかりしている。そして万事が面白くないので大酒を飲んでいました」(『へたも絵のうち』75頁)と、長兄に非難がましいまなざしを向けています。美術学校に在学中に父親が急死し、膨大な借財が兄弟の肩にかかってきたのですが、長兄はなんとか卒業するまで学費を払ってくれました。

父親には付知に正妻、岐阜に妾が二人いました。なお、父親は、守一が生まれた当時、岐阜で大がかりな製糸工場を経営していた実業家でした。四人の姉は早くに結核で死に、長兄も結核で死亡。最後まで生き残ったのが末子の守一だけでした。こうしてみると、兄弟姉妹は、守口を除いて、短命の傾向が顕著です。あるいは、当時としてはそう珍しいことではなかったのかもしれません。結核は感染力が強く、国民病でした。

父親の性格について、守一は「地主でありながら、じっと手をこまねいてはおれなかったらしいのです。何もしないでじっとしていることがいちばんだと考えている私とは、大違いの性分です」(『へたも絵のうち』21頁)と、精力的な努力家と評価されていました。小柄でした。政治的な手腕もあって、守一が九歳のとき初代の岐阜市長になっています。その肖像写真はどちらかと言えば闘士型をおもわせます。守一が美術を専攻したいと言ったところ、「芸者と坊主と医者と絵かき、そんなものはみなこじきだ」（『へたも絵のうち』49頁）と、一蹴《いっしゅう》したとのことで、実学でないものには価値をおかない人だったようです。明治三十五年八月、七十一歳で脳卒中のため急死しました。

母親は学者の家の出で、おとなしい人だったとのことです。明治四十三年十月に七十一歳で死亡。「物心ついたころから離ればなれになっていたため、死んだと聞いても、少しもおふくろという気がしないのは妙な具合でした」（『へたも絵のうち』90頁）と、守一は生母の死を悲しまない自分に当惑しています。守一は数えの四歳で生母から離され、付知から岐阜市の父親のもとに引き取られ、妾の「おかあさん」に育てられました。そのことが守一の「人間観」に歪みを与えたようです。守一自身がそのことを認めています。「おふくろなんかから生まれて来ずに、木の股から生まれてくればよかった」（熊谷榧「熊谷守一もの語り年譜」『蒼蠅』所収、228頁）と、子供のときに思ったそうです。それでも、付知の生母が「向こうへ行ったらいい子になれ」と、言ったことを覚えていました。守一は中気で寝たきりの祖母に可愛がられていたので、岐阜から付知にたまに呼び戻されることがあり、そのときには、母親は守一を着替えさせ、守一の手を引いて、村の神社にお参りに回ったそうです（『蒼蠅』98頁）。一回りするのに三里はかかりました。

岐阜から付知まで行くのに、使用人の背負子《しょいこ》に乗せられていくのですが、二日はかかった時代でした。守一が母親について覚えていることは少ないのですが、神社参りの回想は母親への追慕の情がこめられています。

付知村は雪の多い寒冷地で、一年のうち半年しか働けない貧しい山奥でした。村を流れる付知川の右側は黒、左は白い土質で、「その白い土地、川東の方の人は体格もよくて長生きで、黒い方の人間はできがよくないといわれていました。わたしの家は黒い側にありました」（『蒼蠅』１１１頁）と、短命だったのが生まれた土地の呪縛によるのではないかと言います。ただし、守一の両親はほどほどの歳まで生きています。

自分のカラに閉じこもる

守一は数えの四歳で付知から岐阜の家に移されたのですが、その家は製糸工場の隣にあって、元は旅館だった建物を改装したものでした。二階の九十畳敷が守一の部屋で、おもちゃが大きな箱にいっぱいつまっていたそうです。ただし、ちっとも嬉しいとは思わなかったそうです。この広い部屋の真ん中に女中が三度の食事を運んできて、守一は一人で食べました。小さい頃は好き嫌いがはげしく、肉だけが好物でした。毎週土曜日には百匁《もんめ》の肉を食べたとのこと。また、身体も弱く、頭ばかりが大きく、耳だれに悩まされたそうです。熊谷家はかつて酪農業を営み、牛乳を扱っていたこともあった関係で、朝夕二合づつ、毎日四合の牛乳を飲み、それで体格もよくなったそうです。身長は１７０センチほどに伸びました。

父親の経営する工場には三、四百人の従業員がいて、親類縁者が多かったこともあり、人間関係が複雑で、いやな話がどんどん耳に入ってくる中で育ったようです。あるとき、「長年働いていた番頭の一人に、こんな所にいても先の見込みはないよといったら、番頭はその気になって本当に工場をやめてしまった」(『蒼蠅』101頁)と、可愛げのない子供でした。この番頭は志願兵となって、戦死したとのことです。

岐阜の家は大所帯で、父親の妾が二人いて、そのうちの一人が家を仕切り、全員に「おかあさん」と呼ばせていました。当時の家庭内の人間関係がわずらわしかったことを守一は次のようにふりかえります――「私にも、大ぜいの異母兄弟たちにも、一人ひとり乳母がつき、学校にあがるころになると家庭教師がつきました。そして、自分の子供だけを極端にかわいがったり、そうかと思うと自分が担当の子供はきらって他の子の方をひいきにしたり、ともかく家の中がごちゃごちゃして、とても複雑でした。いま思い出しても、イヤになるくらいです」(『へたも絵のうち』25頁)――。色恋沙汰や心中事件もあって、その話を面白半分に聞かされて、なんとも嫌な気分になったそうです。

そんなことが積み重なり、大人の世界の裏側を見透かし、「今ふうにいうと、私は自分のカラの中に閉じこもったわけです。『守一さんはいい子だけれど、ちょっとわからんところがある』という家の中の評言は、よく私の耳にもはいっていました」(『へたも絵のうち』26頁)と、守一の「内気・控え目」の性質がこのころには芽生えてきていたようです。「俺は俺だと思っていたんですよ。そんな小さいときからね」（『蒼蠅』99頁）というのが、幼いが揺るぎない自己主張でした。たまに、付知の生母の家に行くと、生母はつつましく暮らしていて、風呂桶の水漏れを豆でふさいでいたのに、岐阜の妾の「おかあさん」が贅沢にしていたのを、「なんたらことだろう」と、思ったそうです。「町の第二夫人は日髪、日化粧、自分専用の織り子を三人も雇っている」（『モリはモリ、カヤはカヤ　父・熊谷守一と私』白山書房、2013年、11頁）という贅沢ぶりでした。

父親にはなぜか守一を事業の跡継ぎにしたいという心づもりがあったようでした。岐阜に出発する日に、生母に向こうへ行ったらいい子になれと言われたことが、子供心に不審でしたが、父親の腹が分かっていれば、了解できたでしょう。父親はまだ子供だった守一に銀行の使いをさせたりして、商人に仕立てようとしたそうです。守一が札束の数え方が上手いのにはそんな背景があるようです。同腹の仲間が多いにもかかわらず、末子の守一を後継者にしようとする父親の心底はたしかにわかりにくいものです。中学生の頃、守一は仕事を手伝ううちに、商人の生態を見抜くようになります。ただし、それは守一の気持ちを暗くさせるものでした。父親は子供の守一に仕事の愚痴をもらしたりもしたそうです。

「生糸の仲買人は百姓をごまかして買い叩き、番頭は台秤をごまかして仲買人から安く買う。それが番頭の忠義心であり、手腕だったわけです。

そうやって人の裏をかき、人を押しのけて、したり顔のやりとりを見ているうちに、商売のこつをのみ込んでいく代わりに、わたしはどうしたら争いのない生き方ができるだろうという考えにとりつかれていったのかも知れません」（『蒼蠅』114頁）と、商売人としての適性に欠けていることを告白します。

もっとも、「商いの仏様」とも呼ばれるような妙好人めいた商売人もいて、お客の皆さんのお役に立つ商売をめざし、信用第一を心掛け、お客どころか社会全体に奉仕する精神をもって商売にはげむ人もいないことはないでしょう（稲盛和夫〔述〕『心と生き方』PHP研究所、2017年、を参照しました）。さすがにまだ子供だった守一にはそこまでの洞察力はなかったようですし、守一の周囲にもそのような奇特な商人は少なかったのでしょう。守一は体質的に損得にあけくれる世界に違和感が強かったようです。

岐阜市の小学校に入る頃には、「大所帯でおとなのいろいろなことを見聞きして、私はもう何もかもわかってしまった気持になっていました。ばあや以外は、おとなはみんなウソのかたまりだと、心に決めていたフシがあります」（『へたも絵のうち』27頁）と、人間不信を募らせています。可愛げのない子供だったのです。また、何故か、窮屈なかっこうや新調の着物が嫌いで、わざところんで着物を汚しました。妾の「おかあさん」は少しもしからずにいたそうです。しかっても、どうせ言うことを聞くような子供だとは思っていなかったのだろう、と守一は回想しています。

当時、父親が岐阜市長をしていたこともあって、小学校の校長は、市長への遠慮もあってか、騎馬戦で旗頭の守一が旗をとられそうになると、終了の笛を鳴らしたそうです（「前掲年譜」『蒼蠅』所収、229頁）。そんなこともあって、守一は「子供のころから、こわいものはほとんどありませんでした。人にこびたり、逆に人を押しのけて前に出ることはしなかったから、こわいと思う人などいないのです。先生にしかられても、こちらは別に悪いことはしていないと思っているので、こわいとは思いません」（『へたも絵のうち』33頁）と、大人を大人と思わない、可愛げのない悪童振りを発揮する小学生でした。あるとき、使用人の若者にいたずらを仕掛けたとき、「お前は、お前は……大きな家に生まれて、食べ物はたくさんあるし、からだは丈夫だし……」と、意見されました（『へたも絵のうち』34頁）。これにはこたえたそうですが、いたずらは止まなかったとのことです。

守一の心に鬱屈したものがとぐろを巻いていたのでしょう。当時の社会は貧富の差がひどく、口べらしに、田舎の辺地から岐阜の熊谷家に奉公に出されるのに、「弁当もお金も持たされずに、二日の山道を野宿しながら、お腹がすくんで道々途中の稲をこいでは籾を噛み噛みやってきた」（『蒼蠅』109頁）という小僧がいました。守一よりも年下で、二人で城跡のある山頂に登ったことが忘れられない思い出でした。守一が中学に上がる前年の大晦日の夜で、とにかく大雨に濡れて寒かったそうです。

人を押しのけるのは嫌い

先生の言うことにも耳をかたむける気になれず、「先生が一生縣命しゃべっていても、私は窓の外ばかりながめている。雲が流れて微妙に変化する様子だとか、木の葉がヒラヒラ落ちるのだとかを、あきもせずにじっとながめているのです。じっさい、先生の話よりも、そちらの方がよほど面白かった」(『へたも絵のうち』28頁)と、言います。先生は、守一のふてぶてしさに苛立ち、「こんなに勉強しない子は落第させるぞ」とも、脅されたそうです。

守一の周囲に対する違和感は小学生にしてはかなりのものでした。

「先生は、しょっちゅう偉くなれ、偉くなれといっていました。しかし私はそのころから、人を押しのけて前に出るのが大きらいでした。人と比べて、それよりも前の方に出ようというのがイヤなのです。偉くなれ、偉くなれといっても、みんなが偉くなってしまったらどうするんだ、と子供心に思ったものです。

そんなわけで、私はよく先生にしかられました。わけもわからず全員の前に引っ張り出されたり、立たされたりしました。ところがそれが、なぜそうされるのか、よくわからない。(『へたも絵のうち』28頁)

結局、授業中に守一が窓の外ばかり見ているのが教師には許せなかったから、ということにやっと気づいたそうです。富国強兵の時代風潮があたりまえの時代で、「偉くなれ」というスローガンに違和感どころか嫌悪感すらもったというのは、驚嘆すべきことでしょう。しかも、小学生の子供がこのように思うとは。「偉くなれ」は人を押しのけるという自己本位の発想の上に成り立ちます。守一はその発想に体質的に嫌悪感をもっていました。

明治二十四年（１８９１）年秋、濃尾地震が起きました。内陸部で起きた地震としては最大級のもので、岐阜県の被害も甚大でした。全体で死者は七千人以上に達しました。守一が十一歳の時でした。小学校の同級生も大半死んだ、と守一は言います。「市内の川べりには、あちこちから死んだ人が運ばれて集められていましたが、深く掘れないので次々山になって重なっているところに犬が食い荒らしにくるんで、川べりはずうっと竹の矢来で囲ってありました」（『蒼蠅』１０７頁）と、震災の惨状を述べています。この後、民衆が暴動をおこし、官憲との騒動が自宅の二階から見えたそうです。

小学生になってすぐに、父親が剣道具を買ってくれて、家の離れで稽古をしたそうです。中学に行くようになっても、剣道を続け、町の道場に通ったのですが、守口の剣道には彼の性格の刻印がきざみこまれていました。

剣道は練習のときはうまいのですが、どういうわけか、試合に引っ張り出されるとからきし弱くなるのです。不思議に勝負となると負ける。普通にやっていると、いつの間にか打ち込まれてしまい、正式試合ではついに一度も勝ったことがありません。(『へたも絵のうち』45頁)

稽古でなら、先生もたじたじにさせるほど上手だったのに、試合では勝てないのは、「わたしに勝とうという気がなかったからです」(『蒼蝿』104頁)と、守一は告白します。人を押しのけて前に出るのが大きらいだったので、試合でもその気性が出てしまったのでしょう。ただし、学校では美術と体操の先生に目をかけてもらい、体操の先生には「お前はやろうと思えば何でもできる子だ」(『蒼蝿』113頁)と、言われ、守一はそれを覚えていて、後々までその言葉が暗示的に働いていたと思っています。

絵を描くことは、小さいころから好きで、小学校高学年になると時には家で水彩画を描いていたそうです。中学では、絵の時間があって、鉛筆画だけを描いていたのですが、絵がますます好きになったといいます。ただし、ここでも、守一に特有の性質があらわれています。『へたも絵のうち』(40頁)には、「絵はますます好きになっていましたが、私は他の人のように一生懸命やるということはしません。別になまけようというわけではないのですが、絵を一心に描こうという気は起きない。好きは好きだが、ただ好きだということだけで、だからどうだというその先はないのです」と、無欲のところをみせています。

さらに、以下に引用するように、長生きの秘訣に、無欲をあげています。あくせくせずに生きていれば長生きできるというのです。ただし、「あくせくせずに、のんびり生きる」のも特技で、誰にでもできるわけではありません。守一には好きという感情を持つだけで満足できる性質が備わっていたのでしょう。あくせくせずに、天からのいただき物を受け取ることで感謝できるというのは、浄土門の他力信仰に近い、と思われます。ここにも、守一の妙好人的な性格がみられます。

これは、いまだに同じことです。だから長い間生きてはきましたが、私の場合は、ただ長生きしたということだけです。ふつうの人は、いろいろ考えたり無理をしたり、だましたりだまされたりしているから、くたびれて、そう長生きはできないのでしょう。私が丈夫なのも、何もしなかったからかもしれません。（『へたも絵のうち』40頁）

なお、守一は、右記の「長生き論」に続けて、田舎のジイサンに「意見」らしきことを言われて、感心したことを、回想しています。本当に好きなことは、絵を描くことではなく、生活のためにやむなく描くところがあって、それをジイサンに指摘されて、妙に感心したのです。守一には、腹が満ちて寝転んでいる犬のように、何もしない生活が理想だったそうです。

もう二十年も前、七十いくつかのときのことです。山梨の方の寒いところで、日が暮れかけているのに戸外で写生をしていたら、後ろでどこかのおじいさんが見ていて、「お前、かわいそうに。こんな寒いところで、そんなことをしなければママが食えないのか」といわれたことがあります。いいことを言ってくれるものだな、と思ったことでした。事実その通りなんだから、あんな正確なことを言ってくれる人は、めったにいないものです。(『へたも絵のうち』41頁)

ここでは、守一は好き好んで絵を描いているわけではないことを認めています。興にのって絵を描くこともあるのでしょうが、それよりも好きなことがあると言います。「わたしは好きで絵を描いているのではないんです。絵を描くより遊んでいるのが一番楽しいんです。石ころ一つ、紙くず一つでも見ていると、全くあきることがありません」(『蒼蠅』167頁)と、絵を描くことをつきはなしたような発言をしています。また、「絵を描くより、ほかのことをしているほうがたのしいのです。欲なし、計画なし、夢なし、退屈なし、それでいていつまでも生きていたいのです。石ころ一つそばにあれば、それをいじって何日でも過ごせます」(『蒼蠅』17頁)とも言います。すでにふれたように、監獄で一番楽に過ごせるのは自分だとも言います。

守一にとって、「物そのもの」に価値があるのでしょう。絵画は「物そのもの」ではなく、間接的な存在表現にすぎない、とみなしていたからでしょう。守一は「物そのもの」の本質にひそむ宇宙の摂理に魅せられていた、と思われます。

これに関連する重要な発言があります。

人間というものは、かわいそうなものです。絵なんてものは、やっているときはけっこうむずかしいが、でき上がったものは大概アホらしい。どんな価値があるのかと思います。しかし人は、その価値を信じようとする。あんなものを信じなければならぬとは、人間はかわいそうなものです。
（『へたも絵のうち』１４９頁）

絵描きが絵画の価値を疑う発言をする。これは注目すべきでしょう。たんなるニヒリズムであれば、守一は画業を途中で放棄していたかもしれません。実際、画家として家族が養えない時代があったのですが、友人の援助もあって、なんとか乗り越えています。守一は、絵を「物そのもの」の本質につながるもの、とみていたように思われます。絵を描く行為を通じて、物の背後にある宇宙の摂理にふれることができる、それが絵を描くことの価値と思っていたのでしょう。守一の眼は物の表面を突き抜けた奥に向けられていました。絵を描く営みに価値があり、できあがった絵はカスだったのかもしれません。

晩年、守一は、「本なんて他人のかすだ」（熊谷榧「前掲年譜」『蒼蠅』所収、２９７頁）と、つねづね言っていたそうです。また、「自分が仕事をして居る内に出て來るものがあるでせう。それで仕事の仕甲斐がある。何故かと云えば仕事をしなければ無いのだから。仕事をするために出て來る。仕事をしてゐて、こんなのをどうして気が付かなかつたかといふ事もあるのです。」(「私の生ひ立と繪の話」『心』平凡社、1955年6月、所収、133頁)と、描く営みの意味を指摘します。

上京して美術学校に入る

中学三年、数えの十八歳で上京し、正則中学に転校します。明治三十(1897)年でした。男の子は東京で学ばせるという父親の意向によります。岐阜から急行で二十四時間かけて着いた東京は「なんたらつまらないところだ」(『蒼蠅』117頁)というのが印象でした。やがて正則中学では英語がひどくできないことがネックであることが判明しました。正則を一年足らずでやめ、築地の英語専門学校に通いましたが、元々の苦手はいかんともならず、絵描きになろうと決心するに至りました。だが、父親の許可を得るのが問題です。守一を後継者にしようとしていた父親とあれこれやり合っているうちに、「もし慶応に一学期真面目に通ったら、お前の好きなことをしてもいい」(『蒼蠅』120頁)と、父親が口をすべらせました。

まじめに学業に打ち込んでいたので、父親は折れて画家の道を進むことを許します。守一は、一学期が終わると、本郷森川町の共立美術学館という画塾に通い、上野の美術学校に入る準備をします。このとき、徴兵検査を受けています。守一は体格は立派なのですが、歯がボロボロで、すでに六、七本抜けていました。歯痛には散々苦労したそうです。乙種合格でした。岐阜の中学の同級生はほとんど旅順の攻防戦などで死んでいるので、虫歯には感謝しなければならないわけです。

青木繁・山下新太郎・斎藤豊作

明治三十三（１９００）年、東京美術学校西洋画科撰科に合格します。同期入学に《海の幸》で知られる青木繁がいます。青木は九州で二十八歳の若さで肺を病み、死亡しました。守一は青木と気が合うところがありました。変わり者で、めちゃくちゃなことをやり通し、友人たちにも敬遠され、あげくに窮死した青木のことを守一は悼んでいます。本来は内向的な人間であったのが、都会に出て来て、虚勢を張ったものの、貧乏に負けて死んだ、と評しています。「貴族の貧乏」を貫いた青木の死を知ったのは守一が母親の死で付知に戻っていた明治四十四年でした。守一は、「ああ、絵を描く友達を失ったなとしみじみ思いました」（『蒼蝿』１８６頁）と、青木に同情しています。「ずっとあとになって、青木繁の絵が高く売れているという話を聞いて、『青木がきたない下宿で生芋をかじっていたことを思うと、高くなった絵のお金で、あの貴族趣味の青木にぜいたくをさせてやりたかった』ともらしていた」（熊谷榧「前掲年譜」『蒼蝿』所収、２６１頁）そうです。

青木のほかに、親しくした友人に山下新太郎がいます。守一には生活が困窮したときに、助けてくれる人間が必ず現れました。山下もそのような友人の一人で、そんな援助者がいなければ画業を続けられなかったでしょう。「家に遊びに行くと、帰りには自分の羽織なんかを、『持っていかないか』といってひょっとくれる。こっちも気軽に、いただいて帰ります」（『へたも絵のうち』64頁）と、山下からちゃっかり羽織をもらうのです。それだけの人間的な魅力が守一にあったともいえます。ここにも「妙好人的人格」がうかがわれます。悪びれずに守一がそうした援助を素直に受けているのは、そもそも守一自身に物欲がないからでしょう。欲にまみれている人は、援助を受けるのにも心に負担を感じてしまい、無心というわけにはいきません。物欲のない「清々《すがすが》しい」人格に対して、人は気持ちよく援助したくなるものでしょう。守一はそのような人格でした。

山下は貧乏生活を送る熊谷家に子供の古着を届けています（大川公一『無欲越え　熊谷守一評伝』求龍堂、２００９年、１９７頁）。五人の子供のうち、次男は生まれてから三年目に、末子は翌年に死に、残った三人の子供は身体が弱く、すぐに発熱し、医者に診《み》てもらわなければならず、質屋通いのどん底でした。山下の実家はたいそうな金持ちの老舗でしたが、絵を描くのだからと、店を弟に譲っていました。それでも山下は長い間、陰に陽に守一の生活を気遣っていました。

守一の最初の貧乏生活は父親の死によってもたらされましたが、それを知って守一の面倒をなにかと見てくれたのが山下です。その山下は守一について、「物質を援助してくれた人に対してどうのこうのというようなことは一切考えない。そんな細かい人じゃないのです」（田村祥蔵『仙人と呼ばれた男―画家・熊谷守一の生涯』中央公論新社、２０１７年、77頁、〔初出〕『芸術新潮』昭和二十九年三月号、「対談・人と作品・熊谷守一」）と、評しています。物質を援助してくれた人とは、斎藤豊作のことです。

斎藤は守一よりも一年遅れで美術学校を卒業し、その翌年にフランスに渡り、六年後いったん帰国し、守一の生活を心配しています。大正四年から大正九年まで、月々、四十円（五十円とも）を斎藤は守口に渡しています。一人暮らしには十分な金額ですが、守一はそれでも絵をほとんど描こうとはしませんでした。斎藤に援助される経緯を守一は次のように回想します。

（前略）斎藤豊作が、心配して「おまえ金あるのか」と聞きます。私は正直に「ない」と答えました。するとそれじゃ、やろうか」というから、こちらは「くれ」です。斎藤は「なくなってからいちいちやるんじゃ、めんどうだ。月決めでやろうか」といいます。むろんこちらに異論はありません。これは、彼が再びパリに行くまで五、六年は続きました。考えてみれば、楽な話です。こちらは稼《かせ》ぎがなくても、食う分だけはきちんと持ってきてくれるという。私も貧乏なくせに、売れるような絵がかけないというのだから、困りものです。山下新太郎などは、私が絵をかかないからといって、ずいぶんおこっていました（中略）はがゆく思ったのかもしれません。（『へたも絵のうち』１１０～１１１頁）

ただし、斎藤がフランス人と結婚し、渡欧してから援助が途切れたのですが、それでも守一は絵を描こうとせず、熊谷家のすさまじい貧乏生活がはじまります。

スケッチ旅行

美術学校の二年目、明治三十四年の夏、三カ月ものスケッチ旅行に出ます。まず、東京から、山梨県、静岡県を経て長野県に入り、故郷の付知に一カ月ほど滞在します。次に松本に向かい、善光寺に参り、直江津から日本海沿いに新潟、新発田へ。山形県新庄までは鉄道が利用できたようですが、これよりは徒歩旅行のみとなり、秋田県の八郎潟、青森県の鯵ケ沢、恐山などを経て、日記によると九月四日に「八時起床。十時半新田へ向け汽車」とあり、「宮城県登米郡迫町新田」へ向けて汽車に乗ったようです。前日の三日は下田(青森県上北郡下田町)に泊まっています。東北では言葉が通じずに困っています。上野着が九月七日午後六時。すぐ本郷・西方町の借家に向かったのですが、そこには悲報がもたらされていました。一カ月余り前、八月三日、父・孫六郎が脳卒中で急死していました。享年七十一歳。

経済観念に欠ける守一には重大な異変です。たとえば、旅費を懐にいっぱい入れて、旅行に出るのですが、どんなところでも、どんどん泊まって、帰ったら金がうんと余っていたとのことです（『へたも絵のうち』42頁）。旅費は父親が困らぬ程度には与えてくれたのでしょうが、金があるからといって、贅沢しようという発想はなかったそうです。要するに、金について無欲でした。

父の仕事は死の直前まで広がる一方だったので、死後は方々に借金や清算していない金が残りました。残された二号さんは奮闘したのでしょうが、なかなか返しきれない（中略）私の東京の家にも、借金取りが来たことがあります。しかしさすがに、私に支払い能力がないことがわかったらしく、その後は何ともいってきませんでした。（『へたも絵のうち』76頁）

長兄は美術学校を卒業するまでの二年半ほどは仕送りをしてくれたのですが、以前のような生活はできず、切り詰めた生活になりました。それでも、守一の性分は「無欲」なので、お金のことは興味もなく、着る物もいいものを着たいということもなく、ぜいたくなものを食べようとも思いません。ただし、熊谷家の負債はどうにもならない額にのぼり、結局は破産しました。借金は守一の肩にものしかかりました。

当時の金で五十万円の借金を受けついだというから、いまだったら何億円にもなるだろう（中略）借金のことをクラスメートの一人に話すと「おれだったら首をくくるところだ。」といったとか。（熊谷榧「前掲年譜」『蒼蠅』所収、２４７頁）

借金取りが守口の下宿にも来たのですが、あまりの貧乏ぶりにあきれて帰ったとのことです。守一は借金のことは特に意識せずに、以前と同じように美術学校に通い、モデルを描き、写生に出掛け、テニスをやっています。明治三十七（１９０４）年七月、美術学校撰科を主席で卒業、二十四歳でした。

樺太調査団とアイヌ人

実家が破産していることから、ぶらぶらしているわけにはゆかず、どうしようかと思案しているとき、うまいぐあいに樺太調査団の中にもぐりこみました。寒いところの方が好きなので、好都合でした。日露戦争下の樺太を調査するのが仕事で、守一は調査書につける説明の絵を描くのです。樺太庁水産部宿舎前で撮られた写真がありますが、守一はベレー帽に詰襟服を着ています。軍刀を持っていくようにいわれたのですが、いやだったのか、持っていません。この仕事はほぼ二年間にわたります。ただし、冬の寒い時期は海が凍るので調査ができず、東京にもどって農商務省でスケッチ整理の仕事をしたそうです。

守一がたまげたのは船酔いです。山国育ちなので慣れていません。ひどいしけでは全員が酔ってしまうのですが、船がいよいよ難破するのではないかという時には、ケロッと治ってしまうのだそうです。「身に危険がせまり、生きるか死ぬかという段になると船酔いなど消しとんでしまうものなのです」（『へたも絵のうち』82頁）と、守口は回想しています。

樺太調査では、守一はアイヌ人の生き方に感銘を受けています。本書第一章の【守一の「南無阿彌陀佛」】ですでにふれましたが、守一は老アイヌが小舟をこいでいる姿に「神様」をみたようです。自然に同化した姿が守一の共鳴できるものだったのでしょう。欲望にあくせくする世界が守一の嫌うところでした。アイヌの漁師はその日一日分の獲物で満足し、あとは海をぼんやりとながめているだけでした。「無欲」の守一が理想とする生活でした。アイヌの方も守一に好感をもったといいます。ヒゲをはやしていて、アイヌ人にとても似ていたこともあります。樺太で、へんぴなところには、アイヌ人がよくいました。

アイヌの住む村では、モリはみかけも心もアイヌに近いせいか大歓迎されて、「ここに坐れ。」と言葉がわからぬまま炉端に肩を押されて座らされたという（熊谷榧「前掲年譜」『蒼蠅』所収、253頁）。

昭和二十九年制作の《土饅頭《どまんじゅう》》は樺太時代の記憶をもとに描かれた絵で、墓標として饅頭のように土をもりあげ、クジラの骨を立てています。この絵について、熊谷榧（「前掲年譜」『蒼蠅』所収、255頁）は「ツンドラの浜に土饅頭を盛り、くじらの骨で囲った墓に花が飾ってあった（中略）墓の花は、仲間があわれんで供えたものらしい。モリが一九五四年に描いた「土饅頭」という絵は、五十年近く前のこのときのスケッチからだ。すでにこのスケッチの花は、後半生の絵のように単純な形の色にまとめられている」と、解説します。この絵は表題が付いていていなければ、何の絵かわからないでしょう。画中のサインがカタカナになっていて、輪郭を赤い線で描いて残すモリカズ様式の絵です。無数の生命が墓標と同化している絵とも思えます。

調査員の月給は二十五円だったようです。樺太では金を使うところもなく、帰京してからこの貯えを引き延ばして暮らします。日暮里、上野桜木町、千駄木などの下宿を転々。帰京の翌年、明治四十一年一月十五日の日記に「永らく筆とらす。始めて処女作にかゝる」とあり、問題作《轢死》に取り掛かったようです。千駄木の下宿の二階で、昼も戸を閉めて光の具合を確かめています。

この頃、終生の親友・信時《のぶとき》潔が守一の千駄木の下宿を訪ねています。「『近くに変った絵かきが住んでいる』と聞いて、着流しの懐に夏蜜柑を幾つか放りこんで、モリの下宿の二階にひょっこり上がってきたのが、最初の出合いだった」（熊谷榧「前掲年譜」『蒼蠅』所収、267頁）そうです。信時は音楽家でしたが、美術も愛好していました。守一は画家で、音楽が好きでした。二人の趣味は似かよっていたので、意気投合しました。信時は母校の音大の教授になり、《海ゆかば》の作曲で知られています。子供が病気にかかったときなど、苦境のさいに信時は援助の手を再三差し伸べています。

光と影の変化に惹かれた《蝋燭》という自画像を描いたのが明治四十二（1909）年、樺太から帰ってから三年後でした。この作品の前後に、《轢死》《肖像》《ランプ》、の三点が作成されています。《轢死》

は題材が公設の展覧会にふさわしくないとのことで、出品が拒否されます。そこで急遽《肖像》にとりかかったわけです。《肖像》は文展に入選したのですが、後に守一はこれを塗りつぶしています。また、《轢死》は翌年の白馬会に出品されています。守一は、月影の踏切で若い妊婦が飛び込み自殺するのを目撃し、それを油絵に描いた作品です。制作意図ははっきりしないのですが、光と影の変化を劇的に表現するのにこれ以上ふさわしい場面はない、と思ったのでしょうか。《轢死》は保存状態が悪く、今では全体が黒くなっています。

このように、樺太から帰ってから、大作《轢死》に取り組み、傑作《蝋燭》を世に出したものの、基本的には寡作でした。しかも、「あのころは何かをかきかけても、気に入らなくてすぐ塗りつぶしたものです」(『へたも絵のうち』87頁)と、作風に迷いがあったようです。《蝋燭》は傑作として評価がさだまっていたものの、所在不明の時期が長いという不運にみまわれます。実は、守一はこの絵を惜しげもなくある美術愛好の大学生に譲ったものの、その学生の名前も知らなかったのです。その学生は「ほんのカンバス代ですが――」といって、十五円置いて行きました。「その頃の十五円は、われわれにとって尊いものでした」(『へたも絵のうち』88頁)と、後に広島県知事などを歴任した湯沢三千男氏との出会いを語っています。今の十万円ほどの金額だったとされます(大川公一『前掲書』132頁)。

この時に、守一は袴姿で現れた湯沢氏に善い印象を持たなかったようです。守一はきちんとした服装が苦手でした。広島県知事をしていた湯沢が昭和八年に守一を広島に招待したとき、駅に出迎えの車が来て、「迎えの人が私に気づかずにキョロキョロしています。見ていると、駅の交番に行って、何かしきりにたずねたりしている。私は羽織はちゃんと着ていましたが、その上からカンガルーの毛皮のちゃんちゃんこをはおり、高い朴歯《ほおば》のげたをはいていたので、ちょっとわからなかったのでしょう」(『へたも絵のうち』88頁)。戦時中、守一はいつもボロボロのかっこうで歩いていたので、警官の不審尋問を受けていたといいます。なお、湯沢氏の計らいで、厳島の絶景を描く手筈でしたが、守一は絶景を描く気にならず、やむなく足元の畑のナスを描いたところ、同行した土地の絵描きが「お前は、何をかいているんだ」と、あきれたそうです。守一の審美眼は並の絵描きとは本質的に違います。

昭和八年といえば守一が五十三歳、妻の実家から資金援助してもらい、新居を建てた直後の頃です。貧困生活が続いています。守一はスケッチ旅行に二科の学生と出かけることが多かったのですが、「一般にあんまり景色のいいところは私には向きません。広島の厳島でも絵を描く気にはなれませんでしたが、山形の蔵王でも、やっぱりダメでした。描いてはみたが、思うように仕上がらない。むしろ、書生さんたちが『こんなところは二度と来るものか。とても絵にはならん』などと言って怒るような場所が私には合います。別にひねくれているわけではないが、しぜんとそうなるから不思議です」(『へたも絵のうち』152頁)と、絶景を絵にすることは苦手でした。

母の死と山暮らし

話をもとに戻します。樺太から帰って三年後、明治四十三（1910）年夏に、生母タイが七十一歳で死去。十月二十九日、母危篤の報を知り、翌日、守一は千駄木の俥引きの二階を発って、付知にむかいます。十月三十日付の日記に、下宿先の「家主の子供を思ふ。住みなれし所を去るの感」（『守一ののこしたもの』178頁）とあり、子供好きの守一にとってつらい別れだったようです。この時は、二度と東京に居を定めることまでは考えられなかったのでしょう。事実、短期間、東京に戻っていますが、付知での生活は六年におよびました。母親とは幼い頃から別居していたせいか、「生物のをわりの感」と冷静にその死を十月三十一日付の日記に書きとめています。

母の死でいなかに帰り、私はそのままもう上京はやめました。兄貴は相変わらず製材をやっていましたが、そこに居候の格好で住みついたわけです。私がちょうど三十歳の年でした。（『へたも絵のうち』90頁）

上京する気になれなかった理由はわからないのですが、守一は付知の山で自然にふれる生活に当面は満足できたのではないでしょうか。一、二月頃の日記には山野草や野生動物を目にしたこと、山菜（冬なので、百合根ぐらいしか採れない）を採取する記事が多く見られます。三月七日には「形式的生活と其愚。真に帰れ」とあり、きまった生活の繰り返しに嫌気がさし、心機一転を志しているようにみえます。これ以降、乗馬の練習の記載が多くみられます。七月の記載に「五月来、馬乗習。あわれさまよえる者」とあり、九月から十月にかけて、発熱・下痢にみまわれ、体重が二貫ほど落ちています。精神状態もよくなかったのでしょう。自らを「さまよえる者」と評し、あわれんでいます。

守一は馬だけでなく動物を手なずけることに長けていたようです。本人は「ただ当たり前に世話してやればいい」(『へたも絵のうち』92頁)というのですが、暴れ馬は守一の手でおとなしくなっても、もとの飼い手に返すと、一年足らずで元の暴れ馬になったそうです。絵が描けずに貧乏していたとき、カスミ網で鳥をとる知人が二十何種類かの小鳥を送ってくれ、自分たちの食事にも事欠いていたのに、それらの鳥を飼っています。暇にまかせて、鳥籠を作り、縁側にずらりと並べました。「狭い家がいつも子供と鳥でいっぱいでした」(『蒼蠅』20頁)と、守一は回想します。猫も多く飼ったそうです。猫の身になって、猫が暮らしやすいように気をつかっていたとのこと。一人で下宿していたころ、イエネズミにも餌をやって、手なずけたといいます。

明治四十四(1911)年十月三十一日に母親の一周忌をすませてから、半月後、付知を出て東京に向かいました。ほぼ一年ぶりの上京です。東京には三カ月ほど滞在し、友人と頻繁に会い、テニスに興じ、遊びまわっています。住まいは、日記に「古巣に入る」とあるので、千駄木の二階だったようです。上京した理由も、付知に戻った理由もわかりません。生活費が欠乏したので付知に戻ったのでしょうか。

この頃の守一は画業を放擲した感があります。付知時代の六年間で描いた絵は四点にすぎず、そのうち三点は写真の肖像を見て描いたもので、もう一点は馬の絵です。この馬が守一の愛した葦毛《あしげ》馬だったのでしょうか。「葦毛は子供のころは黒っぽく、成長するにしたがってはん点が出て、老いると全体が白っぽくなります。私の馬は美しい葦毛でした」（『へたも絵のうち』93頁）と説明しているのを当てはめると、《馬》は老いた体色を描いたものです。守一の愛馬は長兄が売ってしまいました。守一のだらしない生活にいらだっていたからでしょう。守一は子供のように泣いたそうです。

馬がいなくなったあと、「日傭《ひょう》」を始め、絵を描くことから益々縁遠くなります。守一には、創造力の枯渇期ともいえる時期が人生の中間にかなり長くあります。その前駆が付知へ帰郷していた時期で、守一が三十歳のときです。枯渇期は大正十三（１９２４）年頃が頂点で、昭和十二（１９３７）年頃まで続きます。子供が次々に生まれて来るのに、絵が描けないで、極貧生活に苦しんでいます。ただし、ここで「創造力の枯渇」というのは、完成点数が少ないことです。守一は「モリカズ様式」といわれる画風に向けてゆっくりと進み、昭和三十一年あたりで完成させます。守一はとっくに七十歳を超えていました。それまで、小品をわずかに描きながら、画風の完成を模索していたといえるでしょう。

守一の小品は四号ほどの板切れに描いたものだったので、「天狗の落とし札」と、仲間は評したとのこと。三十歳から五十七歳（昭和十二年）までが生活苦をともなう「枯渇期」で、これ以降は水墨画にも本格的に手を伸ばし、創作点数も増えます。書も高く評価されはじめます。守一の「枯渇期」は、長期化した抑うつ相によるものとは考えられず、むしろ「青年期危機」が中年期まで延長したものともいえるでしょう。守一は生業である絵を描かず、鳥をたくさん飼い、器械を分解、音の振動数の計算などに没頭します。また、長期の枯渇期でも絵画への関心は完全に途絶えることなく、じりじりと画風の完成に向かっています。粘着気質の頑固な沈着性が二十年後の画業の開花に寄与したと考えられます。

日傭の仕事は重労働で、絵が描ける生活ではありませんし、守一にしてもその気はなかったでしょう。『へたも絵のうち』（93～１０２頁）に、日傭の生活についてくわしく説明しています。

馬がいなくなったあとは、ヒヨウの仕事をおぼえました。ヒヨウは「日傭」ですが、付知付近では、材木を水に浮かべて運ぶ人のことをいいます（中略）伐り出した材木を付知川に浮かべて山出しをする。一本の丸太の上に乗って、まわりのたくさんの材木をうまく下流に運ぶわけです。守一はまず家の池に丸太を浮かべ、それに乗る練習をしました。それが出来るようになると、本式のヒヨウになりました。付知に帰った三年後の冬でした。二冬やります。

山の仕事は冬だけしかやれません（中略）一月二月になると、もうひどい冷えようです。たとえば、ヒヨウをやっていて、足をすべらせて川に落ちるとたいへんです。水の中にいる間はいいが、岸に上がると見るまに全身がバリバリと凍ります。

川のふちでは、何ヵ所もたき火をしています。勢いよく、ぼうぼうと燃やしておく。水に落ちると、水の中を動いて出来るだけこのたき火に近づくのです。そしてねらいをつけてさっと上がり、火のところまでぶっとばします。それでも、数間走っている間に、着物がカリカリと鳴り出します。

ヒヨウの小屋では火が大切で、布団のない連中もいて、なるべく火に近づいて、背中を火に当てて寝るのだそうです。食べ物は劣悪でした。仲間は短命で、四十くらいになると老け込んでしまうそうです。だれもがやせこけていました。ヒヨウの仲間から距離をとっていた守一は変人のようにみられていたそうです（熊谷榧「前掲年譜」『蒼蠅』所収、265頁）。守一は金がないので、腰皮にはカモシカ皮のものが使えず、犬の皮で代用していたのですが、これは水切れが悪く、三年使うと病気になるのだそうです。晩年の守一は、人からもらったカモシカ皮を使い、庭の適当な所に敷いて、休んだそうです（『蒼蠅』191頁）。

昭和四十四年制作の《泉》は難解な作品ですが、守一が木曽で日傭をしていたときの経験を思い出して描いたものでしょう。「木曽にいたころ、山小屋を建てなくてはならない。小屋の場所に水がないと生きてゆけないから、岩に耳をあてて、水の湧きそうなところを探す。岩のなかで動いているような気配がすると、その近くには必ず水があるものだ。風が動く感じでもいい……。泉って、形があるんだよ」（小川正隆「九十翁・熊谷守一」『芸術生活』所収、1969年7月）と、泉が地下の岩の中で動くのを察知できると語っていたそうです。画面の中央やや上にある大きな白い部分が本水源で、その下に白い球体が、さらに左下に紫色の滲みが見えます。紫の滲みが岩のなかで泉に成長する様が描かれているのでしょうか。

ヒヨウの仕事を切り上げたあとは、長兄の長屋に居候してぶらぶらします。わずかに、大正元（1912）年八月二十日の日記に「時々夕立。日中木の実の間に立てる半裸の人一寸画ける」（『守一ののこしたもの』185頁）とあって、スケッチを試みています。大正二年三月十二日および六月一日にも「一寸〔小寸〕画ける」とあります。しかし、大正二年十二月十六日付の日記に「雪夜雨。鍛冶道具造り」（188頁）、翌年二月四日には「鍛冶少しなれ刃物に入る」とあり、毎日のように鍛冶屋に遊びに行きます。守一は細工ものが好きでした。火箸、なた、のみ、フイゴなどを見よう見まねでつくっています。また、十二月十七日からはイタチ捕りの記載がつづきます。守一がヒヨウをしていたのは冬の間ずっとではなく、「十日間とか二週間とか、日数を区切って、ヒヨウ生活をしていたようである」と、大川公一（『前掲書』153頁）は推測します。

明治四十五（1912）年四月二十八日、美術学校時代の友人・斎藤豊作が付知の守一を訪問します。斎藤はフランスから帰国したばかりでした。『へたも絵のうち』（105頁）で、斎藤が来訪した理由について、守一は次のように述べます。

　これはのちに世間の人がいうように私を連れ戻しに来たわけではなく、前から仲良くしていたので、ただブラリと遊びに来たのです（中略）斎藤は別に上京をすすめたわけでもなく、二、三日いて帰りました。（『へたも絵のうち』104～105頁）

ただし、斎藤には守一を東京に呼び戻す心つもりがあった、と田村祥蔵（『前掲書』137頁）は推測します。守一も上京の気持ちが芽生えていたようです。六月に数日間、東京に戻りますが、その時、斎藤と共に上野の光風会第一回展に行きます。美術への愛着は途切れていませんでした。また、大正三年一月六日付の守一への手紙で、斎藤は「君は御地で冬ごもりか。君のブッカツテ行く生活そのものから君の芸術が出る筈ではないか……絵の方では好きでも嫌でも、安でも不安でも、快でも不快でも、自然のほんとの感動があったらもう絵はできる筈……」（『守一ののこしたもの』199頁）と、上京を強く勧めています。

大正四年三月十四日付の守一の日記に、「春の画を思ふ。深い眠りからさめた」（『前掲書』190頁）

とあり､守一の創作意欲が刺激されています。さらに､二十九日に「人の春は来れり」､三十一日「光分、新しい天地のあかり」とあります。また、五月二十五日付の斎藤の書簡で「神戸から石川君より便があって、帰途君を引出してくると云って来た。早く出かけてこいよ」(『前掲書』199頁)と、再び上京を勧めています。「石川」とは、一年下の彫刻家・石川確治のことで、石川は樺太調査の仕事を守一に紹介するなど、守一のために色々と尽力しています。気が合ったのでしょう。

昼と夜の逆転生活

さて、東京に出たくても軍資金がありません。そこで、友人に相談し、写真をもとに肖像画を描く仕事を二つ紹介してもらいました。大正四年六月二十四日、付知を発って東京に向かいます。翌日、六年ぶりに千駄木の下宿で眠りました。市電の車掌にはひどい田舎者にみられたのですが、それも無理はなく、あかぎれの手に頭もヒゲもぼうぼうという調子でした。

付知の片田舎では気の合う友人と会話を楽しむこともできなかったので、その反動からか、友人と盛んに交流する日がつづきます。信時潔との旧交も温めました。半月後、七月十五日に日暮里に新しい下宿を定めます。肖像画で稼いだ金はすぐなくなります。ほかにすることもないので、友人・柳敬助の画のモデルを毎日のようにやりました。七月二十三日付の日記に「いやな仕事にうんざり」と、ありこのモデルの仕事のことでしょうか。すでにふれたように、斎藤豊作が守一に生活援助を申し出たのは、この頃でしょう。月々四十円、大正四年から大正九年までの六年間、定期的に援助が続きました。なお、大正十二年までは何度か不定期ながら豊作の親族を経由して、援助の手が差し伸べられています（大川公一『前掲書』158、182頁）。一人で生活するには十分すぎる金額ですが、守一は絵を描きませんでした。「メダカを飼っていた」そうです（田村祥蔵『前掲書』77頁）。

下宿を転々とする生活を続け、音楽愛好家と語り合い、昼と夜が逆転した生活を送ります。「東京に出てからしばらくの間、私の付き合った仲間は、画家よりもむしろ音楽家たちでした。あけても暮れても飽きもせずに同じ音楽関係の人と行き来しました。特別なにを話し、なにをしでかしたかもおぼえていないくらいですが、相寄って談笑するうちに、毎日が過ぎて行きました」（『へたも絵のうち』116頁）。また、「このころは、まるきり昼と夜をとり違えたような生活をしていました。夜ぴいて音楽の仲間と話し込んでは、朝になるとようやく家に帰って寝につくのです」（『前掲書』119～120頁）。女の空巣に入られたのはこの頃です。部屋の掃除は年に一、二回。畳に新聞紙を敷き、ホコリがたまるとその上にまた新聞紙を敷くという方法で掃除の回数を減らし、着物も汚れがひどくなっても洗濯せずに、吊るしておけば、いくらかアカがとれるのだといいます

友人から多額な援助を受け、だらしない不潔な生活を苦とせず、友人と遊び回り、絵もろくに描かないというのは、理解しにくいのですが、それは普通の神経の人間にとってそうであるに過ぎないでしょう。結婚し、子供が次々に生まれて、いよいよその日の食事にも困るようになっても、守一は鳥

を飼って縁側に並べる生活をしていました。守一の長男・黄は「鳥はいろいろな種類が何羽もいました。僕の物心がついた初めての記憶というのが、父に抱かれてかごのなかの鳥を見ているという光景です」（熊谷黄「父と猫と家族と」『熊谷守一の猫』求龍堂、２００４年、所収、１０４頁）と、回想します。

黄の思い出話に、ネズミを飼っていると言って、学校で笑われた話があります。黄が小学校に入った頃の話で、「父も飼っているつもりではなく、ネズミ捕りにかかったネズミをそのままにしておいて観察していたのでしょう」（『前掲書』１０６～１０７頁）。この他に、猫も飼っていました。「猫の身になって猫が困らないような暮らしやすい環境をつくるように心をくだいていました」とのことで、守一はそんなことにとても熱心だったそうです（『前掲書』１０５頁）。「子供も養えないくせに、鳥や猫を飼うなんて、もってのほかだ」（『蒼蠅』１３８頁）と友人に忠告されたりしました。なお、すでにふれましたが、守一は一人で下宿していた頃にもイエネズミを飼いならしました（『蒼蠅』26頁）。餌をやって飼いならすのですが、用心深くてなかなか馴れないそうです。

守一には、家族に苦しみをもたらす困窮生活から絵を描けばなんとか抜け出られることぐらいは、分かっていました。それなのに絵を描かないのは、絵が描けなかったからでした。絵が描けなければ、転職するしかありません。

結婚

大正四（1915）年の暮れ、美大の同窓の柳敬助の発案で、絵を描こうとしない守一を赤城山に連れ出します。赤城山には柳が親しくしていた志賀直哉の別荘がありました。翌年一月四日の日記に「雪画き」とあり、守一はこの旅行に刺激されたのか、《赤城の雪》を制作し、翌年の第三回二科展に《習作》とともに出品します。《赤城の雪》が評価され、二科会の会員に推挙されましたが、相変わらず寡作です。「私も上京した年〔翌年?〕、すすめられて二科にはいりました。もっとも、私は長いあいだ山の中にいたし、画壇の動きなど少しも知らない方です。正直いって二科のことなどよくわからぬまま、友人にすすめられてはいっただけです」（『へたも絵のうち』111頁）と、画家としての評価に無関心のようです。

大正七（1918）年、避暑に出る斎藤豊作夫妻に随行し、一カ月余り軽井沢に滞在します。帰京の八月二十九日の日記に「帰京。ビハにへこたれる。〔十月〕人情に閉口。家なくてこまる。」とあります。守一は琵琶の音が大の苦手でした。下宿の隣が薩摩琵琶の先生の家だったので、安住できません。琵琶の音でパニックに陥ったようです。良寛にも同様の逸話がみられることは本書第一章の【良寛・守一の体格と性格】でふれました（『良寛禅師奇話』第九話）。

ごはんを食べようとすると、ベーンベーンと鳴り出します。私はそのたびにびっくりして外に逃げ出したものです。あわてて出たはいいが、表はどしゃ降りで弱ったこともありました。しかしやはり、あの音がこわくて家に帰ることができない。しかたなく雨にぬれながら、あてどもなく歩き回ったものでした。（『へたも絵のうち』１１９頁）

大正七（１９１８）年十月に友人の福家《ふけ》の紹介で彼の家の近くに居を移します。本郷曙町です。「人情に閉口」は恋愛問題だったようです。福家の家には音楽家が集い、クワルテットをやったりバカ遊びをしたりしたのですが、守一は実技が駄目な方で、チェロを少しいじる程度だったようです。この年、九月の二科展に《某夫人像》を出品します。十号ぐらいの優品です。描き手の心が伝わるような作品で、モデルは原愛造の許嫁《いいなずけ》・大江秀子です。福家の家に集まった仲間に信時潔と親しい原勝四郎がいて、その縁で勝四郎の弟の愛造と秀子が集まりに加わります。原勝四郎は情熱的な画家で、守一とは気性が合ったようですが、その弟の許嫁と守一がこころを寄せ合うようになったわけです。

愛造と秀子は大正九年に正式に結婚します。この頃、斎藤豊作夫妻がフランスに戻ることになり、守一に一緒に行くように勧めたのですが、守一は「好きな人がいるから行かない」と、断ったそうです（熊谷榧『前掲書』34頁）。秀子が原愛造と結婚したのは、熊谷榧（『前掲書』35頁）によると、無理に見合い結婚させられるよりは、秀子に想いを寄せていた遠縁の画学生と結婚したほうがよい、と思ったからだそうです。秀子の実家は紀州南部《みなべ》町の裕福な旧家でした。愛造と秀子は大正六年に上京しています。

ところが、大正十一年六月の守一の日記に「人情ゴッコ」、六月十三日に「セロナラズ人情ツラくナル」の記載があり、九月に「二人暮し」とあって、守一と秀子は同棲を始めたようです。十八歳も年上の生活力もない変わり者の絵描きと再婚するのですから、周囲の人々の了解を得るのはそう簡単ではありません。前夫・愛造との結婚解消もあります。秀子はそんな問題に果敢に取り組んだようです。ドイツから帰国したばかりの信時繁が「決闘になると困るから」（熊谷榧「前掲年譜」『蒼蠅』所収、272頁）と付き添い、守一は原愛造に秀子との結婚宣言をしに行ったそうです。人を押しのけてまで自我を通すことの嫌いな守一にとって、なんとも気の重い人情沙汰でした。守一、四十二歳でした。秀子の強い意志が働いていたからこそ、問題が解決できたのでしょう。

守一は、秀子について、「知り合ったばかりのころ、妻は私のことを女などは近づけない人間だと見ていたそうです。私はもう四十を過ぎていましたが別に主義で独身を通していたわけでなく、一人で勝手なことばかりやっていたので結婚がおそくなっていただけの話でした」（『へたも絵のうち』121頁）と、語ります。ただし、秀子という伴侶を得ても、守一はこれ以降も長い「寡作時代」をくぐり抜けなければなりませんでした。

遷延する寡作時代

大正十一年の日記には「画作閉口」とあって、創作活動が停滞していたことがうかがわれます。大江秀子をめぐる三角関係が影を落としていたのでしょう。ただし、二人が同棲する九月より少し前、六月十三日の日記には「帰る。画種沢山」「画カキタクナル」とあって、創作意欲が出て来ています。この日、「赤ギ行」とあり、『へたも絵のうち』（155頁）によれば、妻となる秀子を連れて行ったものの、宿に着く前に夜になって困ったそうです。大正十二年の日記には、適当な住居がみつからず、気分が苛立つとあります。

また、守一には貯えがほとんどなく、「妻と一緒になってからは一層貧乏がつのりました。斎藤豊作はこの数年前に再びパリに行っていてお金は出なくなっていましたし、相変わらず売るような絵はかけない日が続いていたのです」（『へたも絵のうち』121頁）と、困窮していく様を語ります。大正十二年四月に西巣鴨に移転しますが、「ミシンに閉口」と日記にあり、騒音に耐えられず二カ月後に東中野に移ります。「東中野の借家は狭いものでした。子供を連れて実家に帰ったかあちゃんが、帰ってきて一番最初にいったのは、まるで土管の中に帰ってきたみたいだという言葉です」（『蒼蠅』137頁）。

大正十二年七月、東中野の土管借家で長男の黄《おう》が誕生。二カ月後、関東大震災が起きます。濃尾地震を経験していたので、とっさに赤ん坊を抱き上げて外に飛び出したのですが、妻のことは全く忘れて置いてきぼりにしたことを、後々まで非難されたそうです。関東大震災後、フランスの斎藤豊作から送金が全く途絶えることになり、経済状況が切迫します。それでも、守一は絵を描こうとしません。翌、大正十三年の十月の日記に「食物アサリ［に□］。鳥飼。」、十二月に「金ツマリ動ク事ニナル」の記載があり、大正十四年一月には「食に追れて絵をひろいあるく。体重十七貫百六十匁。」と、書かれています。体重が前年よりもかなり増えているので、その日の食に事欠いているとは思われませんが、生活苦が切迫していたのでしょう。質屋通いをするとか、旧作をみつけて、それを売ろうとしたのでしょうか。

《陽の死んだ日》

絵が描けないこと以上に守一を苦しめたのは子供が病弱だったことです。次男・陽《よう》が生まれた大正十四年四月二十七日の日記に「ヲヲがケイヲー病院行。入院。」とあり、八月の日記に「画の商ないもやりきれぬ……赤坊ふとらぬ」と、やや抑うつ気味の心情だったようです。「画の商ない」とは、絵を描く仕事のことでしょうか。もしそうであるとすれば、絵を描くことにやりきれなさを覚えていたのでしょう。しかし、少なくとも、まだ画業を捨ててはいません。

「赤坊ふとらぬ」は、次男・陽が早産だったのでしわだらけで痩せていたことをいうのでしょう。父親に似た赤坊を見て、「この子がまともな考え方をするようだったら、おれに似てさぞ生きにくいだろう。」と、モリが言ったとか（熊谷榧「前掲年譜」『蒼蠅』所収、２７４頁）。大正十五年、長女萬《まん》が誕生。萬は肺結核をこじらせ二十一歳で死亡。昭和三年、陽は四歳で急性肺炎のため死にます。黄・陽・萬の三人とも、「生まれてすぐからからだが弱く、すぐ風邪を引いて高熱を出してしまいます。しかし医者にかかろうにも、金がなくて行けないことが多いのです。」(『へたも絵のうち』122頁)と、守一はこぼします。

陽が生きているあいだ、わが家の経済状態は最低で、母は子どもが病気になると、真っ先に質屋にとんで行き、着物を金に換え、それから氷屋に行って氷嚢で子どもの頭を冷やし、それから医者に診せたという。(熊谷榧「前掲年譜」『蒼蠅』所収、274頁)

陽が死亡した翌年(昭和四年)に次女・榧《かや》が、三女・茜《あかね》が昭和六年に生まれます。生まれて十日目から発熱した茜はなかなか熱が引きません。次女・榧は当時のことを、「今でも私は子どもの頃、家中でみんな病気をしていて、七輪にかけたやかんがシュンシュンと悲しげな音をたてていたのを思い出す。子どもの中では比較的丈夫だった私でさえ、子どもの頃の思い出は、熱のある重い頭で湯のたぎる音を聞いているとか、寝床の中から庭先のすいれん鉢の水の光が映っている天井を眺めているとかいうものだ」と、回想します(熊谷榧『前掲書』41頁)。

茜が生まれてから、日当たりの悪い東中野の土管借家から豊島区池袋の「上《あが》り屋敷」の借家に転居します。『蒼蝿』（138頁）によれば、茜は豊島区千早町の新築の家に引っ越してすぐに死にます。秀子夫人は守一の絵が高く評価され、経済的に余裕ができた頃、「なんでも便利になって、氷だってすぐ冷蔵庫から出せるし、お金なんか使うところもない。でも死んだ子は返らない」（熊谷榧『前掲書』38頁）と、言っています。

昭和五年一月、秀子は子ども三人を連れて故郷の南部に三カ月ほど里帰りし、家の建設資金として三千円を受け取りました。大金です。三千円のうち二千円は生活費に回したそうです。昭和七年の暮れに、豊島区千早町の新居に移転します。新居の周りは草原と大根畑だけでした。戦時中は空襲で焼かれず、アトリエも無事でした。庭に池を掘って小魚、小エビなどを放して、ながめるのが楽しみでした。ただし、下水道ができると、水位が下がってしまい、水のない池になりました。

守一の創造力は益々減退します。小品を年に二、三点描けばよい方でした。売れるような絵ではありません。次女・榧は、「いつも母がモリに『もっと絵を描け。もっと仕事をしたらいいのに』とぐちをこぼしていたのを思い出す」と、言います（熊谷榧『前掲書』49頁）。親友の信時は守一の貧乏を見かねて、守一の墨絵を十枚ほど音楽学校の教員室に持って行き、全部買ってもらったともいいます。昭和五、六年頃でした（『蒼蝿』68頁）。山下新太郎も、日本画を描いたら売ってやると言ってきました。守一は美大で油絵を専攻に選んでから、日本画は一切やらなかったのです。油絵は時間がかかるけれども、日本画は一気に描くのだそうです。ただし、それだけに疲れるとのことです。「モリやわたしや子どもたちが飢え死しなかったのは友情のたまものです」とは秀子夫人の言です（熊谷榧『前掲書』39頁）。この頃の守一の心境は『へたも絵のうち』『蒼蝿』に書かれています。

妻からは何べんも、「絵をかいて下さい」といわれました。たとえいいできでなくとも、作品さえできればなんとか金に代えられるというのです。妻ばかりではない。まわりの人からもいろいろ責め立てられました（中略）妻の姉なども、「熊谷さんは、あんなに子どもをかわいがっているのに、どうして子どものために絵をかいて金をかせごうという気にならないのでしょう」といっていたそうです。たしかに、それは言われる通りなのです。しかし何度もいうようですが、あのころはとても売る絵はかけなかったのです。（『へたも絵のうち』１２４頁）

わたしは若いころ、子供が次々とできて何かと金が入用の時期に、仕事が全く手につかなかったことがあります。一年間、一度も絵筆を握らなかったこともある。まわりからやいのやいのと言われ、なぜ仕事をしないんだ、わからないヤツだ、などと盛んにせめたてられましたが、できなかったのです。しかし、今は仕事をします。「以前から、こうして仕事をしておればよかったのに」などと言われることもありますが、それは他人の言うことです。いずれくわしくふれますが、あのころはとてもヤル気がなかった。気がないのに絵を描いても仕方がない。今は少しは、ヤル気がある

のです。（『前掲書』11～12頁）

私は名誉や金はおろか、「ぜひすばらしい芸術を描こう」などという気持ちもないのだから、本当に不心得なのです。しかし、不心得だが、それがいけないとは思っていません。私の二番目の子供が生まれてすぐ死んだころは、外から見ればわが家の暮らしはひどいものだったのでしょうが、どうすればよかったか、どうしたらそうはならなかったか、などは一つも考えたことはありません。（『前掲書』42頁）

子供が病気になって暮らしに困ったときでも、そのために絵を描いて金にかえるということはできませんでした。やる気のあるときに描くだけです。気のないときに描いても何にもなりませんから、そういうときには描きません。（『蒼蠅』22頁）

ただ、仕事をしたくともできないときもあります。子供が病気になったりすると、とても絵どころではない。子供が高い熱を出して苦しんでいるのに絵を描く気など、起こりようはありません。それを、世間のえらい人は、子供が病気でも平気で仕事をするという。平気だというからかないませんが私にはできないことです。私はそれに、ズルイことができないから、つらい。ズルができれば少しは楽なんでしょうが、それができない。（『へたも絵のうち』40頁）

いくら時代が進んだっていっても、結局、自分自身を失っては何にもなりません。自分にできないことを、世の中に合わせたってどうしようもない。川に落ちて流されるのと同じことで、何にもならない。(『蒼蠅』161頁)

絵にも流行があって、その時の群集心理で流行にあったものはよく見えるものなんです。新しいものができるという点では認めるにしても、そのものの価値とは違います。やっぱり自分を出すより手はないのです。なぜなら自分というものから出ることはできないのですから。生まれ変われない限り。(向井加寿枝『赤い線　それは空間　思い出の熊谷守一』岐阜新聞社、1996年、71頁)

守一が絵を描けなかった理由に、病弱な子どもが次々に寝込む状態では、とても絵筆を持つ気持にはなれないことがあげられたりします。しかし、「創造的枯渇」は結婚前から続いています。守一は「ヤル気がなかったから」とか「自分はズルができない」とか言います。「ズル」とは自分の気持ちをごまかして、絵を描くことでしょう。描いても、「河に落ちて流される」わけです。究極的には、「心」が宇宙と共鳴して創造活動が刺激されるという働きがまだ十分ではなかったのでしょうか。守一の「ヤル気」というのは、利害損得を超越した「心」の奥底から起きてくるもの、と思われます。

「モリカズ様式」の完成に向かって、頑固なまでの寡作時代が続きます。来るべき様式の完成に備える枯渇期です。「頑固」が守一の性格特徴で、それ故に、気の遠くなるような長い時間を経て、独自の作風を完成させることが出来たのでしょう。頑固で融通が利かない性格が幸いしたわけです。守一は実生活だけでなく、芸術についても器用ではありませんでした。

絵が描けないのであれば、経済は破綻します。守一はやむなく木曽で馬車引きをして生計を立てる気持ちになります。守一は馬が好きでした。ただし、馬車引きは三十貫（112キロ）の米袋を上げ下げする力が要ります（田村祥蔵『前掲書』160頁）。守一は、日傭の経験があるので、やれると思っていたのでしょう。しかし、馬車引きには採用されませんでした。

いよいよ貧乏がつのって、日々の食事代にもこと欠くという日が続くので、それでは馬車引きにでもなって家族を養おうかと思いました。馬車引きなら、馬は扱いなれているし、私にもできる。さっそく、むかし私の家で書生さんをしていて、そのころはいなかの物持ちになっていた人に、馬車引きのくちを捜してほしいと頼んでみました（中略）ところが手紙を出して頼んだら、まったく相手になってくれませんでした。私などに比べると手紙のたいそう上手な人でしたが、からかっているような口調で断りの返事がきました。このため馬車引きの件は、さたやみとなりました。（『へたも絵のうち』128～129頁）

次男・陽の死は《陽の死んだ日》というフォービスム流の荒あらしいタッチの絵を生み出しました。守一は、生まれつき病弱だった陽を「小坊主」と呼んで可愛がったこともあり、特にその死はこたえたようです。昭和三年の冬でした。次女・榧は「もう駄目だと分かったとき、モリは添い寝して子守歌を唄ってやったそうだ。庭から取ってきた木の枝を赤い毛布の上に添えて、缶詰の空き缶にローソクを立ててやった」（熊谷榧『前掲書』39頁）と、子供の臨終に向きあう守一の様子を説明します。《陽の死んだ日》の画面には榧の説明にあるように、空き缶に据えられたローソクが描かれています。ローソクの炎は生命の余韻を力強く表しているようです。守一は「おれはこんなところで死んだ子を描こうとしている」と愕然としたそうです（『前掲書』40頁）。我が子の最期に直面し、ろくに絵を描こうとしなかった守一が絵筆を握ったことをどのように説明したらよいのでしょうか。守一は陽と一体化し、陽の存在を絵に残そうとする衝動に動かされたのでしょうか。極度の寡作だったとはいえ、画家魂は生きていたといえます。しかし、我が子の死という現実と画家魂は両立し難かったようです。

> 苦しい暮らしの中で三人の子を亡くしました。次男の陽《よう》が四歳で死んだときは、陽がこの世に残すものが何もないことを思って、陽の死に顔を描きはじめましたが、描いているうちに〝絵〟を描いている自分に気がつき、いやになって止めました。「陽の死んだ日」です。早描きで、三十分ぐらいで描きました。（『蒼蠅』21頁）

幼くして死んだあの子のことを考えると、四十年も過ぎた今になっても胸のしめつけられる思いがします。このときは、まくら元で死んだ子供を油でかきました。（『へたも絵のうち』124頁）

陽が死んだ翌年の昭和四（1929）年九月から、守一は「番衆技塾」という二科会の研究所の主任になり、毎週火曜日に指導に通います（大川公一『前掲書』201頁）。車代と称した月給は三十円で、これはそっくりそのまま家賃にきえました。秀子夫人は「これではどうしようもない」（『へたも絵のうち』121頁）と、嘆げいていたそうです。有給の主任になったのは二科の会員が守一の貧困生活に同情したからとされます。技塾は十年ほど存続します。二科の学生には、自分を生かす自然な絵を描けばいい、と指導します。下品な人は下品な絵を、下手な人は下手な絵を描けばよいとは守一の持論でした（『へたも絵のうち』143頁）。自分に正直に描くしかない、自分を離れたら、川に流されてしまうというわけです。さらに、守一は、「へたなのも認めよ」と仲間に言っています。

絵が描けず、馬車引きにでもなろうかと思い詰めた守一がしていたことは、鳥を飼い、器械類を分解し、音の振動数の計算に耽ることだけで、実生活に資することには無縁でした。しかも昼夜を逆転した生活で、父親の生活にならって、次男・陽も一年ほど夜に起きていたので、秀子夫人は疲労でめまいがして倒れそうになったそうです（熊谷榧「前掲年譜」『蒼蠅』所収、275頁）。大正十五（1926）年のことでした。

庭あそび

《陽の死んだ日》を描いたのが昭和三（1928）年です。その四年後、妻の実家の援助で建てた新居に移り住みました。寡作であることには変わりありませんが、五十坪ほどの庭の手入れをすることで気晴らしができたようです。新居の周りは畑や野原がひろがり、守一はそこでよく昼寝をしていたそうです。「両腕を頭の後ろに組み、カルサンをはいた足を組んで、パイプをくわえていた」（熊谷榧『前掲書』46頁）という姿でした。

守一は野生の動植物に目がありませんでした。庭に植物を植えて繁茂させましたが、守一には好みがあって、日本の花、しかも素朴な一重の花がお気に入りでした。池にも野生の小魚を放ちました。スケッチ旅行にもよく出たようです。

スケッチに行くと、変わった木や草花を見るのが楽しみです。草っ原や山の中にめずらしいものがあると、一株だけ持ってきて庭に植えかえます。根付いたり付かなかったり、ダメかと思っていると二、三年してひょっこり花をつけたり、そんなことがまた楽しいのです。

家の庭は小さいものですが、そんなことで木や草花がいっぱいはえています。おおまかにいって西洋の花はいつまでも咲いていて気の長いものです。しまいにはあきがきてしまう。そこにいくと日本の花は気短です。まだじゅうぶんきれいなのに、惜しげもなく花を散らしてしまいます。（『へ

たも絵のうち』１５５頁）

主人は写生旅行のたびに何か持って帰って植えるのを楽しみにしていました。山ぶどう、えびづる、あけび、白くち、にんどう、うつぎ、なわしろぐみなど植えました（中略）主人はたいていの花は、八重は好きでないので池の周りの山吹も一重ばかりです（下略）。（熊谷秀子「わたしたちの日々」『蒼蠅』所収、２２０、２２３頁）

こおろぎやバッタ、ぶどうの木の上のとのさまがえる、水蓮とめだか、池の鯉もよく日本画になりました。あの頃の日本画は楽しんで描いている感じで、動きがあるように思えます。（熊谷秀子「前掲文」２２３頁）

池は、ここに越してきたときに庭を深く掘ったら、雨のあとで水が湧いてきたので、そのまま使ったのが始まりです。そこに近くの石神井《しゃくじい》川で捕ったタナゴとか小ブナとか小エビなどを放して喜んでいました。（『へたも絵のうち』１５６頁）

庭に出てくる蟇なんかも一気に描くんです。

蟇はよく描きました。家の庭にはたくさんいました。二、三十匹ぐらいかな。（『蒼蠅』70〜71頁）

スケッチ旅行には、戦前戦後を通じてよく出かけました。たいていは、二科の研究所にいた書生さんたちや仲間たちと一緒で、一人でというのは、めったになかったような気がします。自分だけで行くとなかなか絵を描く気になれず、なにをしに出かけたのかさっぱり判らんということになりますが、書生さんを連れて行くと、後ろで自分も描くようになるものです。

よく行ったのは、房州の太海、伊豆一帯、信州の八ケ岳、蓼科、澁温泉などです。山下新太郎らと大島に行ったこともありました。式根島もあります。（『へたも絵のうち』150〜152頁）

日本画と作風の変化

守一の画風にわずかながら変化が生じます。昭和十一年春に岐阜の付知へ、七月に山形へ旅行し、《雨乞山》《最上川上流》《山形風景》などを制作しますが、これらの作品には赤い輪郭線が細くあらわれています。この輪郭線は昭和十四年制作の《岩殿山》《麥畑》《桑畑》では絵具で太く描かれています。太い輪郭線を描くようになったことについて、「欲が出てきて」と言います（『へたも絵のうち』146頁）。

守一の絵のコレクターであり、よき理解者であった木村定三（編）『熊谷守一作品撰集』日本経済新聞社、１９６９年、解説編　四～五頁）によれば、「熊谷さんの作品は昭和十四年ごろを境にして大きな転換をしている。それはこのころから物象を太い線で区切る表現に到達したことである。あるときこのことについて熊谷さんにきくと『そのころ気分が大きくなって太い線で区切ることができるようになった』と答えた」のだそうです。さらに、木村は、多数の水墨画を太い線で描いたことが油絵でも同様の筆法を可能にした、と考えます。なお、茶・赤の太い線で区切るのは日本の絵画史にかつてないことだそうです。

昔の、見たままを細かく描くことから、最近のような平らに塗る絵に変わる前に、その途中の段階もあったようです。ものをひとまとめに見ようとするときに、はじめは輪郭の線は、仕上げで塗りつぶしていました。それがだんだんと欲が出てきて、輪郭もはっきりかくようになったわけです。
（『へたも絵のうち』１４６頁）

この頃の守一の貧乏ぶりは人を驚愕させるものでした。昭和十三年二月、「熊谷守一・野間仁根《のまひとね》作品発表二人展」が開かれるきっかけは、守一の貧困を野間が目撃して、衝撃を受けたことでしょう。この二人展につづき、日本画を中心とした個展、三人展が開かれ、経済的にも一息つけました。

昭和の初めごろ、私は二科会に入り、熊谷さんを知るようになった。根がナマケ者で寡（か）作の熊谷さんの暮らしぶりは、はたでみていても苦しそうなのがよくわかった。ある時久しぶりに千早町の家を訪ねて一驚した。家の中はガラーンとして普通の家ならあるべき家財道具が一つもない。主（あるじ）は庭にござを敷いてふんどし姿で寝そべっている。子供たちは男も女もサルマタ一つで所在なげだった。そして出された「お茶」がお茶でなく水だった。「こりゃいかん」と思った私は、日動画廊の長谷川仁さんに「熊谷さんのアトリエにある絵をありったけ持ってきてならべてほしい」と頼んだ。二十二点ばかりが集まった。それが熊谷さんの最初の展示会になった。昭和十三年のことである。（『日本経済新聞』昭和五十三年七月二十四日、野間仁根「超俗の眼」）

日動〔画廊〕の長谷川仁さんが絵を取りにくると、私はたいがい庭にムシロをしいてねています。腰の袋の中には日本画用と油絵用の小さなスケッチブック二冊を用意していて、アリが通ったりするとそれをスケッチして、またゴロリと横になるといった調子でした。私があんまりラクそうにねているから、長谷川さんも「私にもやらせてくれ」といってねころびます。しかし、いい着物を着てそんなことをしたのではサマにならない。長谷川さんは「やっぱりダメです」といってやめました。（『へたも絵のうち』１４５～１４６頁）

展示会で絵を売ることに守一は違和感を持ったのですが、「馬車引きになりそこなったので、絵で商売をしようと腹を決めたわけで、こういう運びになりました」（『へたも絵のうち』１４５頁）と、言います。ただし、相変わらずゴロ寝の習慣は止みません。守一は貧乏時代に描いた絵について、次のように言います。

このごろは、私の昔の絵を持ってくる人がときどきいます。ほんとうに私がかいたのかどうか確かめにくるのですが、貧乏していたころの絵で、すっかり忘れてしまったのを、見せられたこともあります。その絵を見ながら「貧乏しなければかけない絵だな」と自慢したら、妻の方は「いい絵でもかかなければ、あんな貧乏した甲斐はないでしょう」といっていました。（『へたも絵のうち』１４６～１４９頁）

書についても、時期は不明ですが、昔に書いたものがよかったと回想します。

昔は旅先でよく字を書きました。夜は宿屋でやることがないもんだから、いたずら書きした。その頃の字を持ってきた人がいるんですが、それを見ると、今書かない字のよさが出ているんです。この方が本当だなって思って、自分ながらおかしかったです。（『蒼蠅』84～85頁）

日本画は昭和十三年ころから本格的に取り組むようになります。守一が軍へ売り上げを献金するために描いた色紙の日本画を二科の浜田葆光《しげみつ》が高く評価したことがきっかけでした（『蒼蠅』62頁）。浜田は熊谷宅を訪れ、作品を一点もとめます。「リンゴ箱に新聞紙を敷いて机がわりにしていた熊谷家の生活ぶりを見てきた浜田は、こんなに素晴らしい絵を描く画家が、あれほど貧しい生活に耐えているのはおかしい、何とかしなければと考えた。同じ画家として、優れた芸術家の困窮を看過できなかったのであろう。そして、奈良の自宅に熊谷を呼んで、水墨画を描かせることを思いついた」と、大川公一（『前掲書』231〜232頁）は守一と浜田の出会いを述べます。

守一が描いた日本画が奈良在住中の志賀直哉のもとに持ち込まれ、志賀はその芸術性の高さを認め、六月に大阪阪急百貨店で開かれる「熊谷守一日本画展」のために推薦文を書きます。福井淳子（『いのちへのまなざし　熊谷守一評伝』2018年、求龍堂、186頁）によれば、志賀は「君の仕事はなんでも熊谷のすべてがでている」と書いたそうです。また、熊谷の日本画について、「一般の俗畫に對して純繪畫と言ふべきだ」とも語ったとのこと。さらに、七月には銀座の日動画廊で「藤田嗣治・熊谷守一・野間仁根　日本画三人展」が開かれ、守一は展示会のために日本画の制作にはげみました。

私は昭和十二、三年ごろから、日本画もやるようになりました。それは、二科で献金展というのをやって、みんなで墨で色紙をかいたのですが、仲間の浜田葆光が見ていて、「面白いから君もかいてくれ」といわれたのがきっかけです。

日本画は若いころに共立美術学館で胡粉《ごふん》を落とすことくらいは習っていたのですが、その後は本格的にはかかなかった。しかし久しぶりに墨でやってみると、面白いのです。浜田さんにすすめられるし、自分でも面白いので、どんどんかくようになったわけです。

浜田さんは大阪や名古屋で展覧会も開いてくれました。大阪は阪急百貨店で、名古屋は丸善で開いて、絵を売ったわけです。そんなことでこのころからようやく、絵でママが食えるようになったわけです。（『へたも絵のうち』１４３〜１４４頁）

日本画を盛んに制作し始めたのが昭和十三年で、守一は五十八歳になっていました。その年の暮れの名古屋丸善の「熊谷守一新作毛筆画展」で46点もの水墨画を展示します。日本画との相性がよいことを意識して、意欲的に制作に取り組んだのでしょうが、これまでの寡作時代からは考えられない量産です。日本画は一気に描くので油絵ほど時間がかかりません。浜田は守一のために、奈良の自宅の一部を制作場所として提供しています。この名古屋の展示会で、鑑識眼の鋭い名古屋の木村定三が守一の絵に魅せられ、以後、物心ともに守一の芸術の理解者・庇護者となります。

翌年九月の二科展には油彩画《岩殿山》《麥畑》《桑畑》を出品します。これらの作品には赤または茶色の太い輪郭線が描かれているところから、木村定三〔編〕『熊谷守一作品撰集』解説編　五頁）

が指摘するように、水墨画の太い輪郭線で区切る手法が取り込まれたとも考えられます。この手法は守一の七十歳代中頃に完成します。

第三の芸術「書」

この年、守一は「書」の分野に入るきっかけに出会います。奈良の浜田邸で日本画を制作している時、床の間に空海の書（複製）が掛けられていて、それを目にして守一が感銘を受けたのです。書の始まりについて、「自分にはこういう字は書けないものか――と思ったことがそもそもの始まりであった」（向井加寿枝『前掲書』１４４頁）と、語ったそうです。

田村祥蔵（『前掲書』１９６～１９７頁）は、秀子夫人に守一の書を見せてもらったときの衝撃を語ります。

『へたも絵のうち』の取材が済み、新聞に掲載すべき草稿もほとんど出来上がったある日、秀子夫人がふと、「田村さんにお見せしたいものがあるんです」と言い、桐箪笥の一番下をガタガタいわせながら開けて一巻の掛軸を取り出し、鴨居に掛けた。

軸がするすると伸びた時、私は横面《つら》を張られたような強い風圧を感じた。「一行阿闍梨耶」。弘法大師の書を見て、自分でも書いてみたいと強く思い、その場で書いた書であった。なんという素晴らしい書であろうか。「ああ、すごいですねえ」、やっとの思いで私が言うと、夫人もほほえんで頷いた。

「一行《いちぎょう》」は、密教の基礎を築いたとされる中国・唐時代の高僧（683〜727年）。「阿闍梨《あじゃり》」は、弟子たちに教えを説く高徳の僧の尊称。「耶《や》」は詠嘆の耶か、あるいはお爺さんの意か。

この書を皮切りに守一はその後、頼まれると数多くの書をかくようになった。

昭和十四年三月九日付の手紙で、木村定三は箱の蓋を送るので箱書きをしてほしいと書いています。すでに木村の眼には守一の書の価値が見えていたのでしょうか。昭和十五年、守一は木村の依頼で「心月輪」を揮毫します。なお、良寛にも同じ書があります。「月のように澄んだ悟りの心」という意味だそうです。また、守一の九十七歳の書に「心月孤〇」があります。「心の月、ひとりまどか」と読むのだそうです。唐の禅僧の言葉とのことです。

漢字だけでなく仮名にも守一特有の味があります。「仮名で書くと何かやわらかみがでてきます」（『蒼蠅』170頁）と、守一は言います。木村定三は「ひらがな」分野で守一に期待するところがありました。守一が第三の芸術として書に向きあったことに木村の意向が働いていた、と愛知県美術館学芸員だった石崎尚氏は指摘します。

中でも木村は熊谷の書くひらがなに独自の境地を見出した。表音文字であるひらがなに、本来持ちえない象形性を持たせることが、熊谷ならば可能だと期待し、見事にそれに応えたのが《からす》や《すゞめ》などの作品であると述べている。木村はこれを絵画でも書でもない、第三の芸術としての達成を称賛するのだが、自らの着想を熊谷に託し、そして分かりやすい言葉で熊谷の書の素晴らしさを広く説いた木村がいなければ、今日ここまで多くの熊谷の書が残されることはなかっただろう。（石崎尚「木村定三と熊谷守一」『守一のいる場所』求龍堂、２０１４年、所収、２１２頁）

守一が書いた仮名の《かみさま》（昭和二十八年制作）が高く評価されたことは、本書第一章の【良寛の書にとまどう】でふれました。ただし、漢字の《神》については、守一は「『神』という字は好きじゃない。これでも字かしらと思う（中略）神というのは実体がつかめないからでしょうね」（『蒼蠅』80頁）と、言います。守一にとって、仮名文字の方がとらえにくい存在をあらわすのに適しているように思われたのでしょう。

また、本書第一章の【看板書き・タバコ】でふれましたが、「謹厳」「日々是好日」も書きたがりませんでした。自分の柄にもない言葉と思っていたからです。同じく、「謙虚」という言葉も書きたがらなかったといいます。頼まれればたいていは応じる守一がきっぱりと「謙虚」の揮毫を拒絶したことについて、守一は「もともと偉いなどと思ったこともない者には、そんな言葉は持ち合わせがない。

自分に持ち合わせがないものは書けない」と答えたそうです（向井加寿枝『前掲書』71頁）。

他方では、自分の好みにあった言葉は書きやすかったようです。斎藤茂吉の歌「しろがねの雪ふる山に人かよふ細ほそとして路見ゆるかな」がそうでした（昭和四十六〔１９７１〕年、九十一歳）。最晩年の書に「冬粥を煮てゐたりけりくれなゐの鮭のはらこを添へて食はむと」の茂吉の歌の書があります（昭和四十九〔１９７４〕年、九十四歳）。守一は山の生活を懐かしみ、晩年、車に乗せられて奥多摩に行った時、夕方、山仕事の人が帰ってくる姿を見て涙ぐんだという話が伝えられています（熊谷黄「父と猫と家族と」『熊谷守一の猫』所収、１１０頁）。


斎藤茂吉さんの歌を書くと何時も綺麗に見えるとかあちゃんがいいますが、茂吉さんの歌は自分にわかりやすいからでしょうね。

茂吉さんが何か書いているけれど、俺の方が知っているな、みたいな所がありますね。雪の中で獣の足跡を見て面白いって話ね。（『蒼蠅』83頁）

昭和十六年、太平洋戦争が始まります。熊谷家でも、長男が兵隊にとられ、敗色が濃くなるにつれ、空襲が激しくなります。長女と次女は工場に動員されます。昭和二十年三月、長女・萬は過労のためか結核に罹患し、寝たきりになりました。

いよいよ戦争が負け出してきて、空襲がひどくなったので、まわりの人はどんどん疎開をはじめました。私のところも疎開先の話をつけたりはしたのですが、先に書いた胸を病んで寝ていた娘がイヤだというし、私も動くのはきらいなタチなので、とうとう最後まで東京に居続けました（中略）爆弾はすぐ近くの椎名町まで落ちたのですが、私の家のまわりだけはぶじでした。だから、病人をせおって逃げ回るというようなことはせずにすみました。日本側の高射砲陣地からB２９に向けて撃った弾の破片が、アトリエのなかに飛び込んできたことはありましたが。

終戦後は、食べるものはないのに、栄養をつけなければならない病人がいるので、一時はずいぶん困りました。ところが、もともとは歌人なのに画商のようなことをやっている人が、そのころヤミ屋になっていて、私の絵と交換で米とかいろいろなものを持ってきてくれます。こちらは大助かりで、裸婦とかなんとか色紙だけでも百枚もかいて渡しました。（『へたも絵のうち』１５７〜１５８頁）

「南無阿彌陀佛」と《仏前》

結核に罹患していた萬が、死亡一週間前に、黒板に「南無阿彌陀佛」を書き残したという逸話が知られています。守一は「今朝亡き娘の字を模して」（昭和二十二年十一月二十九日）と題する六字名号を書いています。また、制作年代は不明ですが、「往生はなむあみたふて　事たれりこれより外を思ふべからす」が残されています。守一にとって、「南無阿彌陀佛《なむあみだぶつ》」は浄土往生のための言葉だったのでしょうか。萬の書き残した六字名号は三十年後にも守一の家の黒板に見られました。字のバランスからみても、かなりの達筆です。熊谷守一と萬の六字名号が似ていると福永武彦は言うのですが、守一の新作（昭和四十七年）の六字名号は旧作（昭和二十二年）よりも飾らない稚拙さが魅力だとします（福永武彦「熊谷守一の書」『熊谷守一の書』求龍堂、1973年、所収、15頁）。

子供のことをさらにいいますと、長女の萬は、戦争中に渋谷の実践に通っているとき、学徒動員で軍の工場で働かされた過労がもとで胸を病み、三年ほど寝たきりで二十二年に死にました。亡くなる少し前のある日、ちょっと起き上がったついでに、なにを思ったのか家にあった黒板のすみっこに、ついと白墨で「南無阿彌陀佛」と書きました。この字はなんとなく消すに忍びず、今もそのままにしてあります。白墨の字だから、最近はだいぶ色も薄くなってきましたが、まだはっきりと読みとれます。妻も他の人も、私の書く字に似ているといっています。（『へたも絵のうち』125頁）

一九四七年十一月、停電さわぎや食糧難の最中に、ずっと肺結核で臥っていた姉・萬が死ぬ。二十一歳。私と違って、一回もモリになぐられたことのないおとなしい姉だったが、かえって本人はモリにかわいがられていないと思いこんでいた。しかしモリは非常に悲しんで、仏前に供えられた黒い盆の上の卵の絵「仏前」（中略）や「萬の像」と「ヤキバの帰り」を後で描いている。（熊谷榧『前掲書』57頁）

長女・萬が白墨で「南無阿彌陀佛」と書いたきっかけについて、守一（『蒼蠅』81頁）は、アトリエで書を頼みに来た人と「南無阿彌陀佛」を書く話をしていたとき、守一の話を隣の部屋で寝ていた萬が耳にしたからだろう、と推測します。向井加寿枝（『前掲書』82頁）によると、病人の見舞いに、近所の人が卵をもってきてくれたことがあり、その卵を盆にのせて萬にみせたところ、はらはらと涙を流したとのことです。この涙が《仏前》制作の動機だったそうです。

《仏前》では、三個の卵が黒い楕円の盆に置かれ、盆の左右に花瓶と燭台が描かれています。花瓶には花はなく、燭台にもローソクはありません。黒を背景に白い卵が置かれ、死者を荘厳する花やローソクの炎が描かれていないことから、

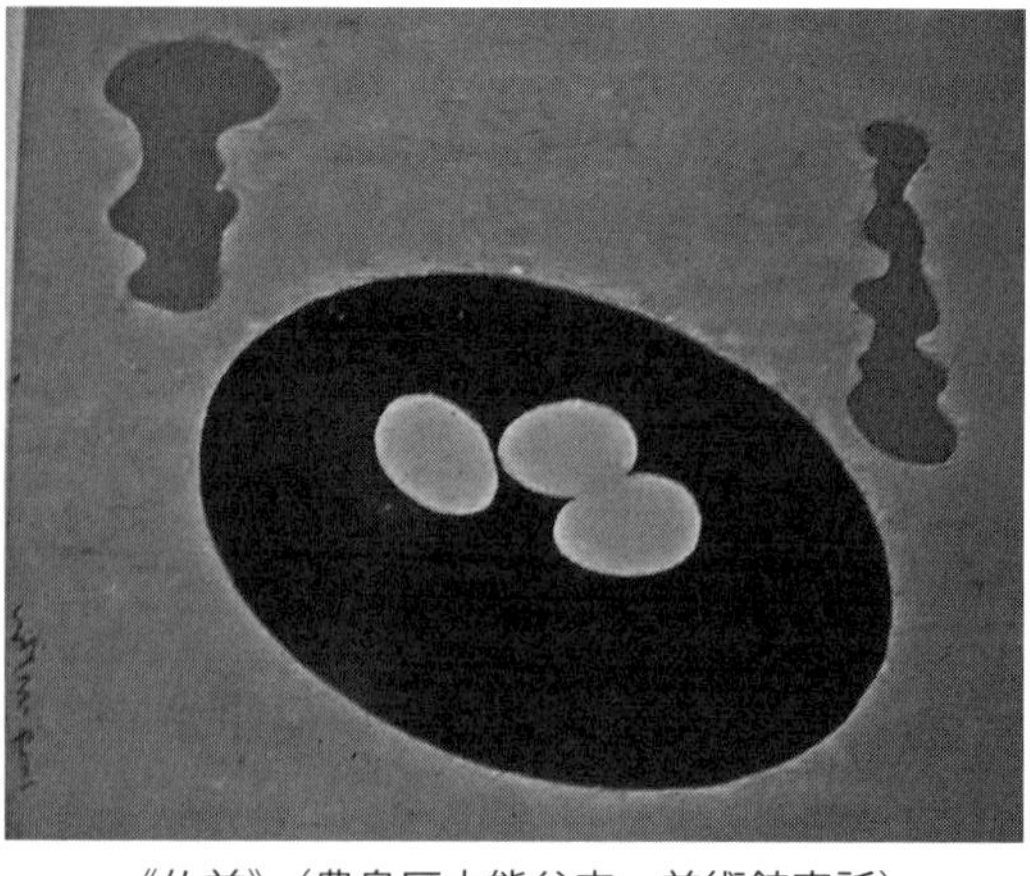

《仏前》（豊島区立熊谷守一美術館寄託）

卵が強調されています。卵によって死んだ長女を供養しようとすることに焦点が絞られているようです。昭和二十三年制作です。

長女・萬の病状がおもわしくなく、それほど長くは持たないと覚悟したのでしょう、昭和二十二年十一月五日に《熊谷萬像》の鉛筆・パステル画を制作します。同月、「熊谷萬・病中図」のスケッチも描きます。病中図は数枚あり、萬が「臥《ね》ているように描かないで」といっていたので、いずれも起きているように縦の絵で描かれています（向井加寿枝『前掲書』79頁）。死亡したのが十一月二十九日です。これより三年後、油彩画《萬の像》を第二紀会展に出品します。血の気が引いた死相であることが悲しみを誘います。

《ヤキバノカエリ》

昭和二十二年、萬は二十一歳で死亡します。これより九年後、守一は代表作の一つ《ヤキバノカエリ》を出品します。題材はきわめて珍しいものでしょう。この作のために昭和二十三年からデッサンを始めているので、構想は長くあたためられていたわけです。表題にあるように、萬を荼毘に付した後、火葬場から帰る途中の守一の家族を描いていますが、三人です。中央の長男・黄が骨壺を抱き、左が次女の榧、右の白い顎髭をはやした人物が守一です。守一は普段着（ハンテン・モンペ？）に下駄のようなものを履くという出で立ちです。三人には顔が描かれていません。秀子夫人が見えないのは、心労のため家にとどまっていたからとされます。この絵の主題が「新生・希望」で、『死』からの解放、度重なる家族の死を乗り越えようとする意志をあらわす、などの見方が多いようです。その代表としてあげられるのが小泉淳一「死の闇からの帰還」(『別冊太陽　気ままに絵のみち　熊谷守一』平凡社、2005年、46頁)です。一部を引用します。

私は、この情景がたんなる焼場からの帰りではなく、長く守一の心を引き止めていた死の闇から、彼自身が帰還したあかしを読みとるのである。ここには、明日に向かって生きてゆこうとする守一の強い意志が感じられる。

だが、守一の生き方に照らして解釈すると、守一には積極的に局面を打開しようとする意欲が乏しく、むしろありのままの現実を受容する気持ちが勝っていたと思われます。悲しいことは悲しい。その感情を受け止めるより他にできることはない、と守一は達観していたと思われます。つまり、「退く生き方」の人に「死の闇からの帰還」はふさわしくないでしょう。むしろ、「死の闇」を受容する

《ヤキバノカエリ》(岐阜県美術館蔵)

のが守一にできることだった、と思われます。なお、守一の裸婦像には顔がありません。その理由を、「顔を描かないのは情が移るから」（『蒼蠅』92頁）といいます。《ヤキバノカエリ》の三人に顔がないのは、それぞれの情をどのように描けばよいのか迷ったからでしょうか。迷うぐらいなら描かなければよいわけです。

戦後の世相も落ち着き、守一の創造活動は頂点に向かいます。《伸餅《のしもち》》《萬の像》などの注目作を次々に発表。《伸餅》を昭和天皇が何歳の子供が描いたのかと尋ねた逸話については本書【まえがき】でふれました。昭和三十一（1956）年出品の《ヤキバノカエリ》あたりでモリカズ様式を完成させます。守一は七十六歳に達しています。この年、軽い脳卒中の発作に襲われ、「おれは中気になったらしい。田舎のおばばは中気で八年ねていた」（熊谷榧『前掲書』60頁）と漏らします。「ひどい目眩いと頭痛にかかって、もう駄目かと思いました。医者に見てもらったら、冠状動脈の病気だそうで、このときから外出は止めました」（『蒼蠅』14頁）と、スケッチ旅行に行けなくなりますが、旺盛な創作活動は衰えません。《牝猫》は円熟期の代表作です。

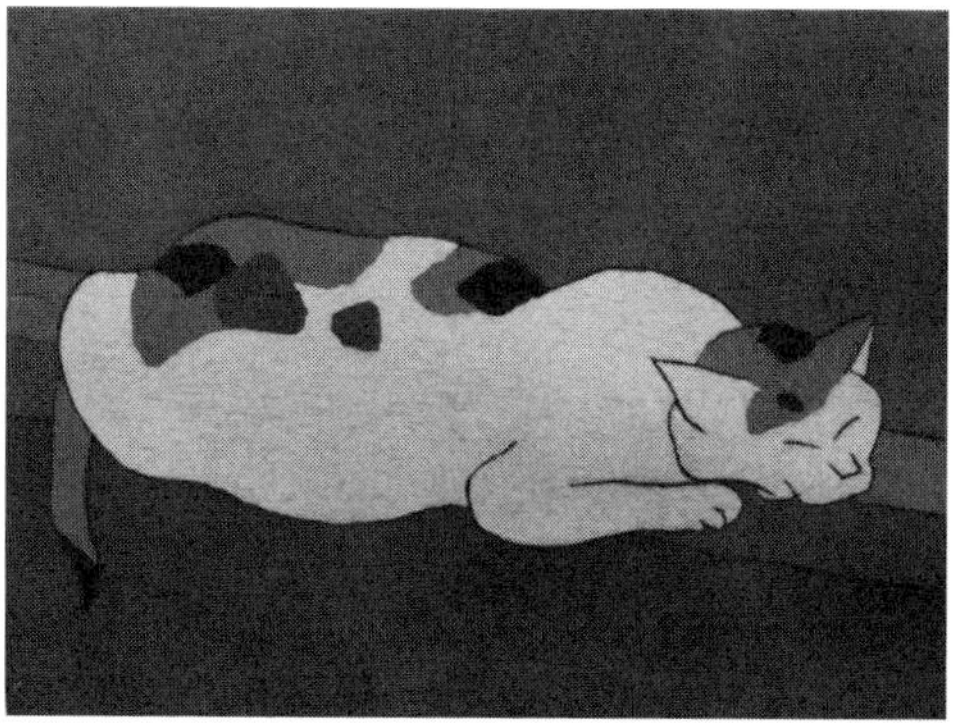

《牝猫》（愛知県美術館 木村定三コレクション）

昭和三十九年五月にパリで個展が開かれます。守一、八十四歳。パリでは絵はあまり売れなかったのですが、絵の値段が上がり、画商などの来客が増えて、その対応に苦労します。昭和四十九年から五十一年の三年間、熊谷家に出入りして貴重な写真をとった藤森武はその賑わいを振り返ります。

先生の家に出入りする客はいろいろである。画商さんが出入りするのは当たり前だが、それ以外の客が面白い。土木関係者とか旅館のあるじとか、貿易商だとか店舗設計の人とか、飲食業の方々など、種々雑多な人間が毎日のように入れかわり立ちかわり出入りする。先生は誰に対しても歓待の意をおみせになるが、私のみるところ、遠方から来た人ほど歓待の度合いが増すようである。（藤森武『獨楽　熊谷守一の世界』世界文化社、２００４年、１１５頁）

また、目眩の発作が起きるようになってからは、千早町の自宅の門から出たことがなかったといいますが、一度だけ垣根伝いに勝手口まで散歩したことがあったそうです。

文化勲章内定を辞退する

昭和四十二（１９６７）年、守一は八十七歳になり、文化勲章授与が内定しています。ところが、守一はこれを拒絶しています。その理由を訊かれ、「これ以上、人が来るようになっては困る」「袴が嫌いだから」と言ったそうです。拒絶の事情について、内定通知の任にあたった中津海茂《なかつみしげる》によると、「自宅を訪ね、直接伝えると、守一は即座に無言で席を立って奥に引きこもり、絶対的な拒否の態度を示したという。その日はあきらめ、翌日あらためて訪問すると秀子が応対し、『昨晩いろいろ話し合ったところ、お前がもらえというなら、という話にもなったが、やはり本人が嫌がっているのはよく分かるので、断ってほしい』との回答だった」そうです（『別冊太陽　気ままに絵のみち　熊谷守一』115頁）。守一が口述したものを『へたも絵のうち』にまとめた田村祥蔵は、守一に原稿内容を確認してもらう作業で、この文化勲章の拒否について、いったんまとめた原稿を修正することになった、といいます。

今でもはっきり憶えている直しの一つは、文化勲章のことである。文化勲章を断ったことはこちらも知っていたから質問し、当然それを原稿にした。夫人の言うところによれば、文部省から内報が齎《もたら》された時、熊谷は大変怒ったという。真に怒ったときの癖で顔を真っ赤にし、「人が人に勲章をやるなんて」と激怒したという。しかし原稿は「欲しくないから断った」とだけ淡々と書いたが、それでもこの件については全部削ってほしいと言われた。その年に、代わりに貰った人に悪いから、という理由であった。熊谷はその後、人から聞かれる度に、「袴をはくのがいやだったから」とか「いい着物《べべ》を着るのがいやだから」断ったと言い、当局への激しい怒りについては私の知るかぎりつい

ぞ触れていない。（田村祥蔵『前掲書』21頁）
拒絶理由については、次女・榧によると、「私は別にお国のためにしたことはないから」とか、「残り少ない命をせめて自分のやりたいように生かしてくれ」と、言ったそうです（熊谷榧『前掲書』63～64頁）。拒絶の理由は、このように色々あげられ、それぞれ本当のことでしょうが、根本的には晴れやかな舞台に上がるのが性に合っていなかったからでしょう。「退き退きして生きてきました」（『蒼蠅』22頁）とは守一の人生でした。
なお、昭和四十七（1972）年、九十二歳のとき、勲三等叙勲の内示がありましたが、これも断っています。「ふだんのようにしていたい」、「袴をはくのはいやだ」というのですが、これは子供の頃からの性癖です。「上着も、きれいなものは困りものでした。祭りのとき、新調の着物をむりやり着せられて外に連れて行かれたことがあって、ほとほと困ったことがあります」（『へたも絵のうち』30頁）。この性癖は年をとっても直りませんでした。『岐阜日日新聞』（1977年11月1日）でも、「赤いべべ」が小さい時から嫌いだから、勲章なんて大嫌いだ、と述べています。着慣れない服を嫌うのも、慣れ親しんだ秩序に愛着する性癖のあらわれでしょう。
秀子夫人は守一の神経質といえるほど変化を嫌う性格を指摘します。慣れ親しんだ秩序が少しでも乱されると、精神の安定が損なわれるようです。これも頑固な性格の一端なのでしょう。年をとって、この傾向はひどくなったのかもしれません。

なじんだものに手を入れたり、場所を変えることが嫌いでしてね。建ててから四十年余りの家ですもの、一個所二個所どころか雨もりがあまりひどいので、いたしかたなく屋根瓦の葺き替えだけを二年前にいたしましたがね。そのときのご機嫌の悪かったこと。（熊谷秀子〔談〕、「亡夫守一のこと」『アサヒグラフ別冊　美術特集　熊谷守一』朝日新聞社、１９７８年、86頁）

守一自身も、アトリエの雨漏りを直した時、「物の置き場所が変わって、しばらく落ち着けませんでした」（『蒼蠅』51頁）と、こぼしています。

同様のことを写真家・藤森武がさらに具体的に指摘します。

画室には先生とふだんから交遊のある人でも、簡単には入れてもらえない。奥さんですら、画室の物を動かすことは勝手にはできない、という（中略）先生は、画室に行く時、毎日同じ時間に画室に入られるので、「学校へ行く」という（中略）先生は、学校の様子がちょっと変わっただけでも、ひどく落ち着かなくて勉強ができなくなる。私にはどう様子が変わったのかわからないほどだが、完全に復元し終わるまで、先生は納得されない。二年前、雨漏りで学校の屋根を修繕をした時でも、動かした道具類をもとどおりの位置になおすのに数ヵ月を要したという。その間、先生は絵を一枚も描かれなかったそうである。こと道具の配置換えに関する限り、奥さんも、姪御《めいご》さんも手伝うことは許されないし、もちろん他人は一切、その作業には口出しも手出しもできない。先生自身にしかできない仕事で、ともすると、絵を描くより大事なのらしい。（藤森武『前掲書』32〜33頁）

最晩年の日々

九十六歳のときに出版された『蒼蠅』をもとに最晩年の守一の生活をふりかえります。寒さに弱いこと、脚が弱り杖が必要になるなど、老齢による体力低下は隠せませんが、規則的な生活を無理なく送っています。また、食事は、九十六歳当時、歯が一本もないにもかかわらず、栄養のバランスに配慮した三食を欠かさず摂っています（大川公一『前掲書』３０８頁）。亡くなる前年の《あげ羽蝶》が油彩画としては絶筆となります。以下、『蒼蠅』から守一の言葉を引用します。朝、起きてから、就寝するまでの日課です。

「普段は朝八時に起きます」（15頁）

「この頃は朝早くから目が覚めて、床の中で雨戸の隙間がだんだん明るくなってくるのを待っています。目が覚めただけでも息が切れる感じです」（48頁）

「朝飯に起き出すのは八時半頃です。その頃になるとまた眠くなったりして、かあちゃんに着替えを手伝ってもらうときもあります」（48頁）

「寒い間はからだが温まるまで、着られるだけ着込んで炬燵に入り、温かくなってきたら動ける程度に一枚ずつ脱いでいくことにしています」（15頁）

「昔は冬に強く、夏は駄目だったんですが、この頃は逆で、十月になるともう寒くて、動きがわるくなって、はきつけたカルサン（モンペ）ははけなくなるし、部屋の中も、二本の杖を持たないとよう歩けなくなりました。この分だと、しまいには赤ん坊に戻って這いまわるんじゃないかと思っています」（47～48頁）

「朝飯がすむと、かあちゃんは鳥たちの世話、わたしは炬燵に入って体の温まってくるのを待っている。用のある人はこの時間にきますから、そういう人にあったり、庭に火を焚きに出たりして、遅い昼食のあとは夕方まで昼寝です。以前はよく庭に筵を敷いてそこに寝ました。地面の高さで見る庭はまた別の景色で、蟻たちの動きを見ているだけで夕方になったときもあります」（50頁）

「いまは鳥の世話はかあちゃんの仕事になりました。餌をやるのに午前中かかっているようです」（20頁）

「ものを燃やすことが好きで、天気のよい日は、庭に出てゴミや落葉を燃やします」（16頁）

「前は暑い時期には庭にござを敷いて、腰に下げたスケッチブックに、あたりの草花や蝸牛や蛙や

蟻や虫などをスケッチしました。疲れると、そこにごろりと横になって眠ったものです」（16頁）
「昼の一時頃から四時半頃までは昼寝をします。昼寝中は誰がきても起きないことにしています」（15〜16頁）
「この頃では、冬は十二月から三月いっぱいまで冬眠をします。今年は五月まで続けました。冬眠中は一切仕事をしないことにしています。できれば冬にかぎらず、いつも冬眠していたいものだと思っています」（15頁）
「仕事は、晩飯のあと、しばらくかあちゃんと碁をやってから、一時間ほどアトリエに入ってします。前は二時間ぐらいでした」（50〜51頁）
「アトリエには、描けても描けなくても行くことにしています。学校へ行くようなものです」（51頁）
「アトリエに入っても、何も描けないときがあります。そういうときは変なものを修繕したり、拵えたりするんです。絵なんか描くよりよっぽど面白いです。わたしのアトリエに入った人は、大工道具のような金物がたくさんあってびっくりするらしいです」（52頁）
「この頃は寒いので、始めっから『今日は学校休み。』って行かないこともあります」（54頁）
「頭を洗うのは十日に一遍ぐらい。嫌いな風呂は最近二日に一回。どぼんと入ります。時間にして五分ぐらいかな。風呂に入ると息が切れるんで、入ったあとはすぐ寝床です」（１２８〜１２９頁）
「『学校』が終わって、風呂に入ったり、風呂といっても五分くらいのものですが、寝床に入るのは

大抵十一時を過ぎます」(59頁)

晩年の作画については、血管障害のせいでスケッチ旅行にも行けなかったことから、もっぱら庭の昆虫や草花を題材にしたものが多く、絵筆を持たなくても、庭の動・植物を見ることを大きな楽しみとしました。「天狗の腰掛け」と称されるものが庭の所々に配置され、休みながら移動するわけです。

「今は見えなくても季節になると芽を出して花を咲かせるいろいろな草があって、ただ歩くならものの二分とかからないでもとに戻れる範囲ですが、この植えこみのぐるりの道を、草や虫や土や水がめの中のメダカやいろいろなものを見ながら回ると、毎日回ったって毎日様子は違いますから、そのたびに面白くて、随分時間がかかります」(41頁)

「二十年前に血管障害を起こしてからは、長く立っていられないので、この道のあちこちに十四、五の腰掛けを拵えておいて、休み休み歩くのです。大抵は木の切り株とか板切れですから、ちょっと見たのでは腰掛けとはわからないようです」(41〜42頁)

「以前はこの庭でよくスケッチをしました。花や、花にくる虫や蝶、コオロギやバッタ、山吹に

トカゲ、たんぽぽに蟇、水蓮とメダカなど、日本画にもよく描きました」（46〜47頁）

守一は「寒い間の冬眠からさめて、ぼつぼつ頼まれた書とか水墨画の仕事をはじめていた」のですが、昭和五十二（１９７７）年六月、お茶を飲みながら、「こんな湯呑みを持つのも疲れるよ」（熊谷榧『前掲書』70頁）と、家人に訴え、六月二十七日には息苦しくなり、「だんだんものが考えられなくなったよ」（熊谷榧「前掲年譜」『蒼蠅』所収、３１５頁）と、もらすようになります。脳内出血が疑われました。

命がほしい

昭和五十二年八月一日早朝、守一は九十七歳で肺炎のために死亡します。命をあじわうことに喜びを感じる一生でした。もう一度人生を繰り返せたらどうかね、と訊かれたとき、守一は「おれは何度でも生きるよ」（熊谷榧『前掲書』69頁）と、答えたそうです。また、昭和三十八年、パリの画廊主が千早町の守一邸を訪ね、「何が欲しいか」と訊いたとき、守一は言下に「命です」と答えたそうです（向井加寿枝『前掲書』１３１〜１３２頁）。守一が八十三歳の時です。

昭和五十（１９７５）年の正月、新年を迎えて、まだまだ生きていたいといいます。「どういうわけなんですかね。生きていたってたいしたことないでしょう。ここに坐ってこうしているだけなんだから」（『蒼蠅』60頁）。九十五歳の所感です。

守一自身は「この頃、年々絵を描く数が少なくなりました。来客が多くなったから疲れるせいでしょう」(藤森武『前掲書』39頁)と、制作点数が減っていることを認めていますが、それは世事の忙しさのせいとします。最近は水墨画の方が、一気に描き上げなければならないので、疲れるのだそうです。また、油絵も一時間半が仕事の限界で、一日で五センチ平方を塗り上げればよいのだそうです(小川正隆「前掲論文」47頁)。

だが、最晩年の数年を除き、守一の創作活動はおおむね盛んに推移しています。寡作時代が長く、五十歳代後半まで続きましたが、その寡作時代を帳消しにする活発な創造活動が五十歳代後期から最晩年期にまで及んだ、といえるでしょう。つまり、守一の人生は前半の寡作期と後半の豊作期に二分できるでしょう。並の画家であれば、貧困や家族の度重なる病死などに打ちひしがれ、前半生の途中で画業を放棄していたかもしれません。

ところが、守一の場合、寡作とはいえ、その精神は完全には枯渇することはなく、ゆっくりと作風の完成に向かって進みます。七十歳代の中頃が完成期でした。守一の画業は動植物を絵に描く過程で、それらとの交流を楽しみ、自然の摂理と一体化することに向かっていたのでしょう。それ故、創作の喜びを簡単には放棄できなかったのでしょう。とにかく、無理せずに楽しむことが長続きの秘訣のようです。守一は次のような言葉を残しています。

私は生きていることが好きだから、他の生きものも、みんな好きです。（藤森武『前掲書』125頁）

まとめ――命をあじわう――

熊谷守一の人生を振り返ってみたのですが、秀子夫人が「主人にとって、何が価値あるもので、美しいものか、とうとう私にもわからずじまいでした」（熊谷秀子〔談〕「亡父守一のこと」『アサヒグラフ　美術特集　熊谷守一』朝日新聞社、1978年、86頁）と言うように、守一の人間像にはかなりとらえにくいところがあります。長年連れ添った夫人ですらそうでした。また、夫人は「大事に思うことがあまりに人と違う」（熊谷秀子「わたしたちの日々」『蒼蠅』所収、225頁）と言います。

たとえば、精神医学の知見から、闘士型の「頑固」と細長型の「内気」が守一の性格特性であるとして、それで守一の言動の多くが説明できても、守一という人間の中核にふれることにはならないと思われます。それでは、その中核といえるものは何かと考えてみると、最晩年の言葉がヒントになるのではないか、と思うのです。それは「生きていたい」「生きることが好き」です。守一は特にこの世で何をしたいとかいう気持ちは持たず、ただ生きていたいといいます。この感性は、明治三十八（1905）年、守一が二十五歳のときに、樺太でアイヌ人の生活を見た時に、「神々しさ」を感じ取ったものでしょう。

「生きることが好き」とは何でしょうか。それが守一の芸術とどのようなかかわりがあるのでしょうか。

守一の絵に描かれるものはたいてい生きものです。それも装飾過多を嫌い、単純な線と平面から成ります。その生きものは自然の呼吸と一体化したものとして描かれています。つまり、守一は、絵を描く過程で、自然・宇宙と一体化することに楽しみを感じたのでしょう。だから、出来上がってしまった作品は「カス」だったわけです。生き物がその躍動感によって生命の息吹《いぶ》きを伝える、それでもって守一の生命力にも活性が加えられるわけです。

ここで、熊谷守一の「生命観」と通底する念仏詩を書いた榎本栄一氏についてふれます。楠恭（『妙好人を語る』日本放送協会出版会、２０００年、２６８～３０６頁）によれば、榎本氏は明治三十六（１９０３）年に淡路島に生まれ、東大阪市で化粧品店を営業し、平成十（１９９８）年に九十四歳で死亡しました。念仏詩を書き始めたのは六十歳過ぎだったそうです。楠恭はそのエッセンスを「榎本さんが戴かれたいのちの広さ深さは無限です。自分とこの地上にある一切の生きものの同根同質性に目を向けられます」（『前掲書』２７７頁）と指摘します。榎本氏が書き残した詩はほぼ二千に及ぶそうですが、楠恭はその中から上記のエッセンスを表わした作品として「一味の流れ」をあげています（２７７頁）。それを紹介します。

「一味の流れ」
私にながれる命が
地を這う虫にもながれ
風にそよぐ
草にも流れ

確かに、榎本氏と熊谷守一の「生命観」には共通する思いが流れています。二人とも宇宙に遍在する生命と共感します。なお、榎本氏は浄土真宗の篤信者で、典型的な「妙好人」といえます。

『へたも絵のうち』（１４９頁）にある「でき上がったものは大概アホらしい。どんな価値があるのかと思います。しかし人は、その価値を信じようとする。あんなものを信じなければならぬとは、人間はかわいそうなものです」という言葉は真実をついています。人間の作ったものよりも、自然界の生きものに本当の価値を認めています。「すでに芸術品になったものをさらに描くのはどういうものか」（熊谷榧「前掲年譜」『蒼蠅』３１２頁）とも言います。

ただし、「本当の物より美しく描けないのなら、絵なんて描くことはない」（向井加寿子『前掲書』63頁）とも考えていたようです。「美」という観点からは、芸術作品にはそれなりの価値があるというわけです。守一にとって、モノそのものの価値、それを描くことによって得られる創造の喜び、作品の芸術的な美しさ、出来上がった作品そのもの、という順位があって、本物よりも美しさに劣る作品は価値評価の埒外に置かれた、と思われます。秀子夫人は守一の創作生活を次のように回想します。画室で精神統一しているのは、別世界と交流するためであったからでしょうか。

　制作にしても、自分一人にならないと描けないとかで、画室に入ったが最後、出てくるまでは誰も入れないんです。私でさえ、急用ができて、そっとのぞくことがあっても、とってもおそろしい顔でニラマレますからね。早々に退散のうえ、その間は音もたてずに、隣の部屋でジッとしているくらいです。眺めているのは、いつも画室の中で飼われているミミズクだけということになります。
　とにかく、絵を描いているときが肝心で、面白かったようですが、出来上がった作品そのものには、およそ興味を示しませんし、ときには、「カスのようなもんだ」なんていっていたこともあります。
（熊谷秀子〔談〕「亡夫守一のこと」『アサヒグラフ別冊　美術特集　熊谷守一』85頁）

　守一は「あの世」「彼岸」「神仏」などの世界を感じとる感性があったようです。「南無阿彌陀佛」の六字名号を何度か書いています。「ほとけごころがあるから書く気になるのです」（『熊谷守一の書』42頁）ともいいます。《仏前》《ヤキバノカエリ》にも亡き子供への供養の気持ちが込められているようにも思えます。死の現実を静かに受容しているようです。二十年前、次男の陽が死んだときの荒々しいタッチの絵とはだいぶ違います。《陽の死んだ日》は無念の気持ちが生々しいわけです。守一は「信心」を感じていました。特定の宗派に属していないのですが、信仰の心がありました。

なお、守一に所有欲・名誉欲が希薄だったことは繰り返し述べました。それだけでなく「還相的人格」であったことも、守一の人間像を理解するうえで重要です。守一は「遷延する寡作時代」がその半生に及び、ひどい貧乏生活を送りましたが、本当に困った時には、友人が守一を援助します。その援助がなければ、飢え死にするところだったわけです。守一には、援助をしないではいられなくなるような魅力的な雰囲気がありました。

それと、そばに居るだけで、人を清々《すがすが》しい気持ちにさせるところもあり、童子のような澄んだ瞳が魅力的でした。そばに居るだけでも、心が静まるような人柄でしたが、それは良寛と同じです。解良《けら》栄重《よししげ》『良寛禅師奇話』（第四七話）に、「師余ガ家ニ信宿日ヲ重ヌ上下自ラ和睦《わぼく》シ和気《わき》家ニ充テ帰去《かりさ》ル（る）ト云トモ数日ノ内人自ラ和ス師ト語ル事一夕スレハ胸襟《きょうきん》清キ事ヲ覺《おぼ》ユ」（〔大意〕師は私の家に二晩泊まった。そのとき、わが家では主人から下働きまでお互いを思いやり、睦みあい、帰られてからも、数日のあいだは和やかな気分が家に充ちていた。師と一晩語り合うと、胸のなかが清々しくなったことを覚えている）と、良寛の「還相的人格」が述べられています。

以上のことから、熊谷守一が妙好人の部類にはいるとの見方はあながち否定できないでしょう。特に、妙好人の特性としてあげた6項目のうち、①②⑥が守一に当てはまります（本書第一章の【妙好人の特性】参照）。②の動植物・子どもに対する愛情は守一に顕著でした。また、③「内省力・罪業感」については、積極的で顕著な作用は見られないものの、それに近いものとして、「内向的・退行的」傾向が生まれつきの性格に刻印されているようです。具体的には、「人を押しのけて前に出るのが大きらい」「自分のカラに閉じこもる」「退き退きして生きる」という性格です。

「欲なし、計画なし、夢なし、退屈なし」（熊谷守一「私のことなど」『熊谷守一の書』求龍堂、1973年、5頁）の人生で、石ころが一つあれば、何日でも監獄で楽々と過ごせるというのですから、妙好人の特性の一つとされる⑤「働き者」からははずれはしますが、自我への執着を捨て去り、自力的な生き方が消えるわけです。楠恭・金光寿郎は『妙好人の世界』（61頁）で、「自分を広大無辺の生命の働きのままにすること（中略）そうすると自我的自分は自然に消えて、代って広大無辺の生命、即ち阿弥陀様に生かされる自分がそこに現出するというわけです」と、妙好人として知られていた物種《ものだね》吉兵衛の宗教体験を語ります（物種吉兵衛については、本書第三章参照）。守一の生き方もこれに似ています。

また、特性④については、真宗の宗風にふれていなければ、阿彌陀佛の願力に対する報謝の気持ちは持ちにくいでしょう。ただし、「阿弥陀仏」に代わり、「宇宙の摂理の慈悲」という見方を守一が持てなかったとは言えないでしょう。このように、真宗の教えにふれていなかったと思われる守一にしても、妙好人の特性を濃厚に持っていた、といえるでしょう。仙人や天狗ではなく、妙好人の特性を多く持つ故に、守一は宇宙の摂理と一体化する絵が描けたのだと思えます。つまり、自我のはからいを捨て、他力に生かされる生き方が守一の画業の基盤ともいえるでしょう。

なお、最後に、良寛について、妙好人とみなされる特性をまとめます。守一よりも妙好人であることがさらに鮮明に浮かび上がるでしょう。一つには真宗の教義の基本をかなりわきまえていたようなので、阿弥陀仏の本願への報謝の気持ちが強く、それは十数首の歌に詠まれています。その点、すでにふれたように、守一の信仰ははっきりしません。とは言え、「南無阿弥陀仏」の六字名号を浄土往生の言葉であるとは意識しているようです。守一は長女・萬が結核で死亡する前後に何度も「南無阿弥陀仏」を書き残しています。ただし、「ありがたい」「もったいない」という気持ちに達していたとは断言できません。実は、このような境地は篤信の真宗門徒でさえも容易には及べないところですし、我執によってすぐに乱されてしまうからです。

良寛は⑤の「働き者」であることを除き、①から⑥まで妙好人としての特性を持っているといえます。なお、⑤については、肉体的な労働に限定しないで、精神的な働きを含めれば、良寛と守一が「働き者」であることは明白です。その成果として、後世に秀逸な文学、絵画・書作品を残しました。

良寛は僧侶として③の内省力・罪業感がかなりあったとみてさしつかえないでしょう。長詩「僧伽《そうぎや》」(『草堂詩集』天巻)は良寛の墓碑に刻まれた漢詩で、そこには良寛の懺悔の心情がうたわれています。ただし、浄土門の罪業感は他力信仰の基になるもので、修行を重ねていればなんとかなったはずという懺悔ではなく、「僧伽」の懺悔とは趣が違います。人間はもともと罪深い存在で、自力ではそこから逃れられず、阿弥陀仏の他力によって救われるというのが浄土門の罪業感です。最晩年ですが、良寛は自分を「おぢなき我」（愚劣な我）とみなす浄土門の歌を詠んでいます。

妙好人は自分を「凡夫」とみなすのですが、「『凡夫』といふは、無明煩悩われらが身にみちみちて、欲もおほく、いかり、はらだち、そねみ、ねたむこころおほくひまなくして、臨終の一念にいたるまで、とどまらず、きえず、たえず」と、親鸞が『一念多念文意』で言わざるを得ないような、恐るべき存在が凡夫です。しかも、一人の例外もなく、すべての人が「凡夫」であることを免れないとするのが浄土門の立場です。

自らを凡夫と信じることができなければ、妙好人にはなれませんが、その境地に近い所に守一が至っていたのかもしれません。たとえば、「〔大意〕みんなただの人なんだ」という聖徳太子の言葉（憲法十七条の十）に守一は感心しています。また、自分には「謙虚」と言う言葉はふさわしくないともいいます。自分を謙虚と思う人間は、とんでもなく傲慢です。この問題は本書第三章「近代妙好人・因幡の源左」でふれますが、妙好人として評価された人であっても、いつも自分を凡夫と意識しているとは限らず、自分が「角のはえた鬼」であることに気付いて愕然とする逸話は少なくありません。

ただし、良寛も守一も、どちらかといえば、穏やかな性格であったことから、自分を特に「鬼」と意識する事態は少なかったでしょう。「控え目に」「穏やかに」「退いて」生きることが性に合っていました。しかも、いさかいがとかく絶えない俗世間とは距離をとっていました。守一が短気だったらしいことは秀子夫人の証言にうかがわれるのですが、腹をたてることがあっても、それを根に持つことはなかったようです。翌日にはすっかり忘れていました。

良寛の代表的な詩に、守一に共通する心情をうたったものがあります。世俗に背を向け、自分の天性にしたがって無理せずに生きてきたという内容です。守一も無理せず、退き退き生きてきたので、長生きできた、と言います。しかも、生きることそのものを楽しんだ、つまり、宇宙に満ちている「広大無辺の生命の働き」（楠恭・金光寿郎『妙好人の世界』法蔵館、1991年、61頁）とともにある人生でした。

生涯　身を立つるに慵《ものう》く　騰騰《とうとう》　天真《てんしん》に任す
嚢中《のうちゅう》　三升の米　炉辺　一束の薪《たきぎ》
誰か問わん迷悟の跡　何ぞ知らん名利の塵《ちり》
夜雨《やう》　草庵の裡《うち》　双脚《そうきゃく》　等閑《とうかん》に伸《の》ばす（『草堂集貫華《そうどうしゅうかんげ》』）

〔大意〕生涯ひとかどの人になろうという気にならず／自分の天性に従がって生きてきた／食料は袋

のなかの米三升／燃料は炉辺に一束の薪があるだけ／迷い・悟りの修行の跡はなく／名利への執心などない／雨の夜中に草庵の中で／両足をのびのびと伸ばして眠るのだ）

第三章　近代妙好人・因幡の源左

「妙好人」と『妙好人伝』

本章では、妙好人の代表的人物とされる因幡の源左（1842〜1930）を取り上げます。「妙好人」の概念について、篤信・無学で貧しい真宗の在家信者という説明がされるのですが、その概念も時代によって変化します。本書第一、第二章で取り上げた良寛と熊谷守一は二人とも必ずしも真宗との縁が濃いとはいえませんが、妙好人と見る向きもあり、本書もその中に入ります。一般には、妙好人とみられていない二人を妙好人と考える理由については、すでに述べました。ここでは、典型的な近代妙好人・因幡の源左の言行を具体的に吟味し、それと比較することで良寛・熊谷守一が妙好人とみなされる理由をさらに跡付けます。

良寛については、「良寛さんは禅の方ですが、あの人は禅宗とか真宗とかいう枠を超えていますね。大した書家で、歌人で、学問も深く、その上に何とも言いつくせないくらいに暖かな心の方で、逸話などを拝見しましても真宗の妙好人を思い出させるような話が沢山あります。たいへんな教養を持った芸術家的宗教人ですが、その教養なり芸術なりで身を飾る心が全くないのに感服します。本当の宗教人で、妙好人と呼ぶにふさわしい方です」と、妙好人研究者・楠恭（楠恭・金光寿朗『妙好人の世界』法蔵館、1991年、28頁）は良寛の人間としての卓越性を指摘します。旧来の妙好人の定義からだいぶずれているのですが、その人柄から判断して、良寛を妙好人と考えてもおかしくないと評価するわけです。

しかし、妙好人の歴史をたどると、宗教人として、ひいては人間として立派であるだけでは「妙好人」とは呼ばれなかった時代がありました。近世末期から近代にかけては、かなり厳格な「草の根の真宗の篤信者」という妙好人の定義が行き渡りました。妙好人から「真宗」や「念仏」を切り離すことができなかったので、その時代では、たとえば良寛について、禅門の出家者であるという理由で、妙好人とはされませんでした。しかし、ことはそう単純ではありません。良寛は晩年に「南無阿弥陀仏」との縁を深めているからです（本書第一章の【良寛の他力信仰】参照）。

このように、旧来の定義を離れ、たとえば、良寛を妙好人とする見方のように、妙好人の概念を広げる傾向もあり、楠恭の「必ずしも念仏によらなくても、念仏行者が念仏によって達したと同等の境涯に達した人を妙好人と呼んでも不都合はない」とする発言（『前掲書』27頁）がみられたりします。画家・熊谷守一を妙好人とする本書の見方も同類です（本書第一章の【還相的人格】を参照）。もっとも、守一にしても六字名号を何度も書いているので、念仏との縁がなくはないのです。

妙好人を広い視野でとらえる際には、妙好人の特性をしっかりと把握しておくことが必要でしょう（本書第一章の【妙好人の特性】などでふれました）。単純に、妙好人であるかどうかという分け方よりも、どのような特性をどの程度持っていたかを知ることが真実に近づく道と考えられます。

「妙好人」という言葉を歴史的にふりかえると、『妙好人伝』が近世末期に出版される以前には、真宗に限られず、浄土門の真摯な念仏者を広く指していたようです。古くは、五世紀頃に成立した『観無量寿経』に、念仏する人は「人中《にんちゅう》の分陀利華《ふんだりけ》」とあり、「白蓮華《びゃくれんげ》」にたとえられ、讃えられています。ただし、「妙好人」という言葉は『観無量寿経』に現れていません。浄土教の高僧・曇鸞《どんらん》（４７６〜５４２）も『往生論註』（巻下）で、「淤泥華《おでいけ》」（泥の中で咲く華）という表現を使いますが、「妙好人」という語は現れません。

ついで、善導（唐・七世紀）が『観無量寿経』の注釈書『観経疏《かんぎょうしょ》』で、「〈大意〉念仏する者は人中の妙好人なり」と讃えています。ここで初めて「妙好人」が三毒（貪欲・瞋恚《しんに》・愚痴）に汚されない清浄な念仏行者の意味で使われています。『観経疏』に感銘を受けた法然（１１３３〜１２１２）も『選択本願念仏集』で念仏の行者を「妙好人」と讃えます。さらに、法然の信仰を継承した親鸞（１１７３〜１２６２）は、建長四（１２５２）年頃の著作『入出二門偈頌』の末尾で、煩悩にまみれる凡夫《ぼんぶ》でも、仏の願力で信心を得るなら、この人は「最勝稀有人《さいしょうけうにん》」「妙好上上人《みょうこうじょうじょうにん》」である、とします。また、建長七（１２５５）年の手紙（『末灯鈔』二）で、「〈大意〉この信心の人を真の仏弟子という（中略）この人を妙好人ともいう。この人は正定聚《しょうじょうじゅ》の位に定まれるなり」と、妙好人をこの世で浄土往生の定まった人〈正定聚〉の意味にとらえています。阿弥陀仏の本願を信じて念仏を唱えることで正定聚の位に入る人を「妙好人」とします。

柏原祐泉（「妙好人――その歴史像――」『浄土仏教の思想』第十三巻、講談社、１９９２年、所収、９頁）は、近世末期に『妙好人伝』が成立するまでは、「真宗の草の根の篤信者を妙好人の語で呼ぶことは、まったくみられない」と、在俗の、ときに文字のない下層信者を妙好人と呼ぶことはなかったとします。

近世の『妙好人伝』が普及する以前にも、篤信の念仏行者はいましたが、これを讃えるのに、特に「妙好人」と称することはありませんでした。ただし、真宗の中興の祖とされる蓮如（1415〜1499）の高弟であった越中国**赤尾の道宗**（?〜1516）は熱烈な信仰生活が高く評価され、後に妙好人の原像ともみなされるようになりました。伝説によれば、阿彌陀仏の四十八願の有難さを忘れないように、四十八本の割り木を敷き布団の代わりにして寝たそうですが、激しい求道精神が道宗の生活を彩っています（柏原祐泉「前掲論文」21〜22頁）。道宗はその筆跡が蓮如よりも力があり、かつ上手だったとされる教養人でした（鈴木大拙『日本的霊性』第四篇　妙好人（一））。また、蓮如の御文章を収集し「道宗本」を制作し、自戒生活を『二十一箇条覚書』にまとめ、自己の罪悪性を省察することが厳しい念仏者でした。決して無教養の下層在家信者ではありません。

道宗は、また、蓮如の「王法為本《おうぼういほん》」などの掟《おきて》を実践する従順な教団護持者ともいえます（柏原祐泉「前掲論文」28頁）。「王法為本」とは、仏法を守るためには時の支配者が定めた社会秩序を重んじる、という考えです。蓮如のこの考えは真宗教団が肥大化するにつれて定着し、教団の僧俗にゆきわたります。近世末に成立した『妙好人伝』にも社会的な権威に対する「従順性」が顕著にみられます。

この従順性の重視は、封建体制がよってたつ身分制度のもとで、忍従生活に耐える下層民を讃えることにつながったわけです。『妙好人伝』について、そこにあらわれる「大部分が下層生活者を対象としていることは『妙好人』が単なる念仏者をいうのでなくて、主として封建社会の中の下積みの農商人の篤信者を指すという概念が、全篇から自ら形象化されてくるのである。そしてこの概念は、以後今日まで大差なく継承され、妙好人といえば、たんなる真宗の篤信者であるという以上に、ほとんどの場合が底辺の生活に甘んじてひたすらな信仰生活に生きる人々と、とらえられているのである」と、柏原祐泉（「前掲論文」85頁）は「妙好人」の概念の変質を指摘します。

近世末期に成立した『妙好人伝』は、真宗の僧・仰誓《ごうせい》（1721〜1794）が編集した『妙好人伝』二巻本が初期のもので、その編集企画は篤信者の姿を世に知らしめるという教化目的を持っていたとされます。仰誓自身が篤信者「大和の清九郎」と面談し、その人柄に感心し、言行を書き留めていますが、これを含めて篤信者の言行を二巻に編集し、三十五話を収めたのが『妙好人伝』二巻本です。ただし、これは編集されたものの、版行はされず、世に流布することはありませんでした。ついで、僧純《そうじゅん》（1791〜1872）が『妙好人伝』五篇を編集版行します。僧純は行政手腕にもすぐれ、西本願寺の財政を立て直すなどの功績をあげますが、『妙好人伝』の流布という教化面の功績が大きいと評価されます。僧純による『妙好人伝』五篇の概略を順次説明します。

まず、「初篇」について、上下二巻に二十二人が載せられていますが、僧純は仰誓の二巻本を再編集しているので、ここに僧純の改変が見られるわけです。菊藤明道（「解題」『大系真宗史料　伝記編

8　妙好人伝』法蔵館、2009年、所収、418頁）は、本山崇敬・愛山護法・国法遵守が僧純の手で加えられているとします。その具体例として、仰誓は「〔大意〕御門跡の言葉よりも有難いのは、悪人を一念の信心があるだけで助けてくださる仏恩である」という「**大和の清九郎**」の返答をあげているのに対し、『妙好人伝』初篇上で僧純は「〔大意〕法主に言葉をかけられ、身の毛が立つほどに有難い」としていることがあげられます。また、「孝行」の要素について、僧純は次の逸話を付け加えています（島田一道「初期『妙好人伝』成立の背景」『妙好人研究集成』法蔵館、2016年、所収、84頁）――「〔大意〕清九郎は親の枕を天井に吊るしていた。その理由を清九郎が言うには、暗がりで足に掛けてしまえば、空恐ろしいことになる。天井に吊っておけば、見るたびに親の恩を思い出せるのだと」――。天井に枕を吊るす話は孝行譚というよりも奇行譚ですが、同じく僧純は清九郎の「石枕の奇行譚」を初篇上に付け加えます。大意を紹介します。

陰暦十一月二十七日の夜、仏前で一晩中お勤めしていた。寒風が激しく雪が降っていた。その時、清九郎は、御開山の聖人が雪のうちに石を枕に臥し、阿弥陀仏が因位の法蔵菩薩であったころのご苦労をおもいやり、その御恩をよろこびになったのもわれらのためである、ということを思った。せめて、この世でのご苦労を少しでもわが身に喜んで引き受けようと、ひそかに木綿の綿入れを脱いで裸になり、積もった雪の中に臥し、御開山はこのように臥されたのだろう、有難いことだ、南無阿弥陀仏く、と声を震わせて御恩をよろこんだ（下略）。

佐々木倫生（「『妙好人伝』とその作者たち」『前掲書』所収、16頁）によれば、仰誓の『妙好人伝』には蘇生霊験譚が二話みられるだけで、真宗が嫌う奇瑞・奇跡譚はほとんどみられず「他はすべて篤信者の日常言行」とします。ここに僧純との差異があります。

僧純は、「妙好人伝」初篇を版行した天保十三（1842）年三月に遅れること一カ月の同年四月に第二篇を、第三篇は弘化四（1847）年に、さらに安政三（1856）年に第四篇を、第五篇を安政五（一八五八）年に、版行します。後に、初篇から第五篇の各上下二巻の十冊と、象王《しょうおう》が編纂した『続妙好人伝』（第六篇上下二巻）の二冊をまとめて、十二冊の『妙好人伝』として版行しました。活字版は明治期に刊行されます。なお、象王による続篇は『続妙好人伝』として、嘉永四（1851）年および安政六（1859）年に版行されました。後者は前者の改訂補刻本です。

菊藤明道（「『往生伝』と『妙好人伝』――両伝の特色と関連を中心に――」『前掲書』所収、225～226頁、「解題」『大系真宗史料　伝記編8　妙好人伝』所収、441～442頁）によると、象王は北海道松前郡の東本願寺の僧と推定されますが、その行跡は不明です。『続妙好人伝』の特色としては、改訂補刻本で、内容を幕藩権力に迎合する文章に書き改めていること、また、神秘的な話が多く載せられていること、があげられます。後者については、象王の育った宗教環境・風土などの影響によるのではないかといわれています。

こうして、『妙好人伝』全十二巻が一括して刊行されて行き渡るにつれ、真宗の宗風を色濃く帯び、どちらかといえば下層階級の在俗の篤信者を妙好人と呼ぶようになりました。『妙好人伝』に登場する人物の職業の内訳を柏原祐泉（「妙好人――その歴史像――」『前掲書』所収、84～85頁）が統計処理しています。それを紹介すると、総数百五十七名の内、農民六十四名（うち貧農十五名、富農五名、半農半商一名）、商人二十七名（うち貧商一名、富商四名）、漁師一名、武士十名（うち大身《たいしん》三名、武士の妻二名）、幼児十名、医師四名（うちその妻一名）、僧侶四名、坊守《ぼうもり》および尼《あま》六名、乞丐者《こつがいしゃ》と賤民三名、「遊女」二名、其他十名（乳母《うば》・下女・相撲取《ずもうとり》・船頭《せんどう》・馬方《うまかた》・博労《ばくろう》各一名など）、不詳十六名、となるわけです。貧農が目立ちます。

また、国別では、仰誓・僧純が住んでいた石見や美濃の者がもっとも多く、ついで西本願寺派の地域がやや多いことから、登場人物が編者と直接、間接に接触していたと考えられるわけです。なお、僧侶については、主に象王による『続妙好人伝』（初版本）にみられます（上巻一「僧智現」、下巻一「大法」、十一「僧廊三」）。内容は旧来の往生伝や高僧伝と区別できないものです。

僧純が本山崇敬を奨励したのは、在俗の無学な妙好人が善知識として崇められる傾向に反発したからとも考えられます。僧侶でもない在俗の妙好人が門徒を教化し、門徒もそれを悦ぶような事態を僧侶階級は不快に思っていたのでしょう。妙好人が積極的に門徒を教化する逸話がみられるのは、在家者が編集した史料だけである、と指摘されます（直林不退『妙好人――日暮しの中にほとばしる真実』佼成出版社、２０１９年、１４５頁）。

柏原祐泉（「前掲論文」１７３～１７７頁）は、第二次大戦の前後で妙好人伝の内容に違いが生じたと言います。ただし、明治から敗戦までは近世末期の妙好人伝と大差がみられず、「明治以後の国家発展とそれに併行して展開する教団の順応体制、それを支えた二諦《にたい》論を中心とする教学などを、多くの叢伝を始め個人伝などが意識し、属性として内にもっているのである」と、仏法を立てるためという口実のもとに、教団は「王法為本」の姿勢を保ち、それが妙好人伝にも反映したとされます。二諦は「仏法」と「王法」に置き換えられるでしょう。具体的には、①倫理的行為を称賛する、②国恩に感謝し、忠誠を積極的に示す信者を理想像とする、③教団への寄与を説く、などが妙好人伝に織り込まれ、その時代に教団によって理想的とされた信者が妙好人とされました。

ただし、柏原祐泉は、富士川游（編）『新選妙好人伝』（初版昭和十二年、昭和三十一年洋装本二冊）について、真宗の範囲を出て「ひろく宗教的性格をもった篤行者ないし真摯《しんし》な内省的生活者で人の範たるに足る著名人」（１７１頁）に妙好人の範囲を拡大したことに注目します。収録人数は十四名ですが、従来の妙好人に当てはまるのは五名ぐらいで、その他は模範的・著名な人物で、真宗という限定がはずされています。「在俗の真宗の篤信者で、極貧・無学の下層民」という妙好人の性格付けはいちじるしく緩められます。「この『新選妙好人伝』は宗教の心が個々の人にあらわれる状態を示すことを主としたのであるから、いわゆる法悦の状況を記載することはなるべくこれを避けて、むしろ真実に宗教の心をあらわしたるものと認められたる人の精神の状態を心理学的に分析することをつとめた」と、昭和十一年の序文に書かれています。この傾向を推し進めると、妙好人が「立派な宗教人」とほぼ同義になります。

本書で妙好人として取り上げられる人のうち、旧来の典型的な妙好人は「因幡の源左」や「讃岐の庄松」、物種吉兵衛、三田源七、三河のおその、浅原才市などです。こうした在俗の真宗の篤信者が妙好人の中核を形成しているわけです。ところが、良寛については、晩年には「南無阿弥陀仏」との縁が深まっているものの、基本的には禅宗の人であることから、典型的な妙好人から外れます。熊谷守一については、さらに旧来の妙好人から遠ざかります。良寛や守一は妙好人の中には位置するものの、中心からはかなり外れます。しかし、そうであるからといって、彼らを軽視することはできません。重要な妙好人の特性を少なからず持っているからです。

以上の人々には、共通する宗教的な人格がみられます。なお、現代の妙好人ともいえそうな著名人として**稲盛和夫**氏（１９３２〜）があげられそうです。稲盛氏は日本航空を再建するなど卓越した経営者であるだけでなく、宇宙・自然の摂理にまで哲学的な思索を及ぼします。人間を照らし出す神聖な存在を意識し、利他の精神を尊重しているとすれば、宗教的な人格の持主であるともいえるでしょう。稲盛氏（述）の『心と生き方』（ＰＨＰ研究所、２０１７年）、『稲盛和夫　魂の言葉１０８』（宝島社、2018年）などには、仏教関係の思想がちりばめられています。また、講演活動や経営塾をボランティアで主催するなどから、「還相的人格」を持つ人、と考えられます。なお、氏は臨済宗妙心寺派の寺で1997年に「在家得度」しているので、仏教教理に親しんでいるのも理解できます。在家得度は親鸞の「非僧非俗」、良寛の「非俗非沙門」に近い立場でしょう。

戦後の妙好人伝は富士川游の編集方針に近づきます。旧来の性格付けに従って妙好人を外面的・類型的に扱い、賛美するのではなく、純粋に宗教的な内面生活を語るようになります。それには二人の思想家の影響が大きかったとされます。一人は鈴木大拙《すずきだいせつ》（1870〜1966）、もう一人は柳宗悦《やなぎむねよし》（1889〜1961）です。後者は民芸運動の旗手として知られています。鈴木大拙は禅思想の研究家とされますが、同時に浄土教にも造詣が深く、終戦が迫った大変な時期に、戦後を見すえ、「日本的霊性」について思索を重ねました。

近世で『妙好人伝』が版行され、在俗の篤信者を妙好人として讃える風潮が強まる一方で、これを快く思わない動きが教団内にありました。すでに、本書第一章の【宗派とは無関係な妙好人】でふれましたが、寺院に民衆統治の役割を担わせた幕藩体制は寺院住職以外の教化活動を制限し、教団もこれを利用したという時代背景から、児玉識（「妙好人および『妙好人伝』研究の経緯」『大系真宗史料 伝記編8『妙好人伝』法藏館、2009年、所収）は、「十八世紀後期に飛騨地方で、篤信の同行（信者）を讃えたことが、教団から『不正義』の烙印を捺される一要因となったという事件が発生し」（449

〜450頁）た、と指摘します。

また、児玉は小林准士氏の論文（「旅僧と異端信仰――長門円空の異義摘発事件――」『社会文化論集』第三号、島根大学法文学部、2006年）を紹介し、飛騨事件より若干早く、宝暦十（1760）年に、円空という旅僧の教説を本願寺が異義と判定した事件があって、円空の「真実の教えは在家同行の会合を通じてしか接し得ない、善知識は在家に限る」という説が問題視された件を取り上げます（451頁）。教団がこのように在家信者を見下し、これを警戒したことと関連して、宗門教学が妙好人を研究対象にすることを避けた、と指摘されます。この風潮は戦前から戦中にかけて、少数の例外を除き、持続します。

ところが、妙好人に注目する動きは宗門教学の外部に起きます。鈴木大拙の妙好人研究が戦中に始まりました。

鈴木大拙の霊性的世界――讃岐の庄松――

鈴木大拙は我々の生きている世界が「感性と知性の分別世界」と「霊性の無分別的世界」の二つからなると考えます。そして、この二つがそのままに一つであると主張します。「無分別世界」は眼に見えない世界（霊性的世界）であることから、その実在が信じられないのですが、霊性的直観の対象となる世界にふれずに、感性の世界（分別世界）だけにいることに、人間は満足できないとします。「何となく物足らぬ、不安の気分に襲われがちであるのは（中略）霊性的世界の真実性に対するあこがれが無意識に人間の心を動かす」からとします（『仏教の大意』角川文庫、２０１７年、９頁）。

鈴木大拙が妙好人を論ずる際に使用するキーワードが「霊性的世界」です。妙好人・**讃岐の庄松**《しょうま（つ）》の信仰を論じた大拙の『宗教経験の事実』（松ヶ岡文庫、１９４３年）では、感性・知性の分別的世界を「有限」（第二系列）世界、霊性的世界を「無限」（第一系列）世界としています。庄松は「頑愚無欲にて、娶らず世を見ず」、無教養な世間知らずの変人とみられ、読み書きのできない雑役夫でしたが、無限の世界、つまり「霊性的世界」にふれて生きていた、と大拙はいいます。

庄松（１７９８～１８７１）の言行は、『庄松言行録』に収録されています。これは庄松の死後直後にできた『庄松ありのままの記』をもとに編纂された言行録です。明治二十二年版の【まへがき】によれば、庄松を慕ってはるばる松前の人・徳太郎という真宗信者が訪ねてきたものの、庄松はすで

「讃岐の庄松の像」
（鈴木大拙『宗教経験の事実』松ヶ岡文庫 1947）

に死亡していたため、庄松の知り合いから庄松の話を聞き、ある僧に書き記してもらい、これを活字にして出版したのが、言行録の始まりです。【まへがき】で、庄松のありのままを書き記していることから、「言葉使いの卑劣」、「言葉の分かりにくいことが多くあること」を非難しないでほしい、と断っています。

大正十二年の新版『庄松言行録』が鈴木大拙の『宗教経験の事実』の末尾に載せられたのが昭和十八年です。大戦の行方が楽観できないことを大拙はすでに知っていました。大拙は、「讃岐の庄松」の宗教生活を材料として日本人の宗教経験について述べるのに際し、「浄土宗信仰の中に育って無学無知とも見える人々の上に日本的霊性の閃めき出るのを認める、――これほど愉快な事はない」(Ｖ頁)と、昭和二十一年版の序文にしたためています。『庄松言行録』では他者の言葉を介さずに庄松自身の生の言行が伝えられています。形式的・教条的な発言ではなく、心からの信仰の吐露が生々しくうかがえるところにこの言行録の価値がありますが、理解しにくい部分があるのが難点です。

なお、大拙が「浄土宗信仰」というのは狭義の浄土宗を指しているのではなく、それを含めた「浄土門信仰」のことですが、狭義の浄土宗が妙好人に関心を寄せないとの指摘がなされています（塚田幸三「妙好人像の形成と現代における妙好人の意義」『妙好人研究集成』所収）。妙好人にとって「信心獲得」が重要で、念仏を唱えることは二の次であることから、念仏を唱えることを重視する浄土宗は正定聚をめざす妙好人に冷淡であるとのことです。真宗では「信心正因」が重要で、念仏は信心獲得の結果です。

庄松は幕末に讃岐国で生まれ明治初期に死亡します。真宗興正派の門徒で、文字も数の数え方も知らない無学の人間で、作男・ワラ細工・子守・米搗き・寺男などをして貧困生活を送っていたそうです。無学無知であることとの意義について大拙は「庄松は文字がなかったから、文字に囚われなかった」（『宗教経験の事実』44頁）、「彼は、文字を使うものである、使われるものではない」（『前掲書』45頁）と、いいます。言行録第三六則に、庄松を困らせようと、ある僧が経典を取り出し、「此所の御文を読んでみよ」と言ったところ、庄松は「庄松を助くるぞよ〱とかいてある」と答えたとあります。庄松こそ蓮如のいう「聖教よまずの聖教よみ」（『蓮如上人御一代記聞書』本　九四）でしょう。

庄松の入信については、初めは三業安心《さんごうあんじん》の立場にあったものの、周天という僧に諭されて他力の正統的信仰に廻向させられたといいます。三業安心とは「称え、拝み、念ずる」の三業で如来に帰依するべきという自力的な信仰のようです。ある僧が庄松に三業安心のよしあしを訊いたところ、庄松は「三業どころか、一業もないのには、こまる〱」と言ったそうです（第一一則）。大拙は、【5　庄松の入信経路】で、庄松が三業安心に迷い、「無条件に如来の大悲に包まれたかった」と言うのですが、「一業もないのには、こまる」の部分について特に解釈を示していないようです。柳宗悦（「妙好人の入信」『柳宗悦　妙好人論集』岩波文庫、1991年）は、「何を分からせて貰《もら》ったのか。これで庄松の入信について多少の暗示は得られる。しかし、希《ねが》わくはもっと詳しい事情が知りたい」と、これも解釈を示していません。末尾の原編者による註釈では、「これは、称へるか、拝むか、念ふかの三業のうち、せめて一業でもあればよけれども、称へず、拝まず、念はずなり」という意味だ、とします。庄松の「一業もない」を解釈すれば、仏を讃嘆しようとする者にとって、その方法がないのには「こまった」ということになり、本願を信じている者には、あえて一業の必要もないはず、という絶対他力の考えでしょうか。

庄松の言行は禅問答のような味があり、大拙は、無限の慈悲の中に行住坐臥しているという「自覚が非常な明晰さを以て、彼の意識に現われて居た（中略）この故に、それが何か他のものに接触すると、鋭利を極めた応酬ぶりを発揮すること、恰も禅者のそれを想わせるものがあるのである」（『前掲書』18頁）と、庄松の言動が肺腑をえぐるように鋭い理由をあげます。

また、世俗を含めてあらゆることを、宗教的・霊性的な次元で受けとめていることも、禅的な言辞を引き出します。ときに、世俗の権威を無視し、無礼な態度にでることもあります。庄松が大庄屋宅で風呂焚きをしていたとき、代官の背中を流しながら「盗み食ひしてようくらひ、肥えとる」と言って、手をボンと一つ打って、「御恩忘れな」と言ったそうです（第五三則）。また、興正寺本山で同行とともに法主から御カミソリをうけたとき、法主の法衣の袖を引き、「あにき、覚悟はよいか」と言ったので、大騒ぎになったそうです。法主がなぜ袖を引っ張ったのだと訊くと、庄松は「〔大意〕赤い衣を着ていても、赤い衣で地獄をのがれることができないので、後生の覚悟はよいのかと思ったからだ」と、答えたそうです（第二七則）。右の二話では、周囲の危惧にもかかわらず、庄松は代官や法主と懇意になったとのことです。あるいは、代官や法主はあらかじめ問題の男が庄松であることを知っていて、その評判を耳にしていたので、一種の愛嬌者（トリックスター）とみなし、無礼者として相手にしなかったのでしょうか。

庄松には御本尊の扉を開けて「バーアバーア」と言ったり、その前に寝転んだりする奇行が付いて回るのですが、大拙は仏壇の木像を庄松の心中にある霊性的・無分別的存在の投影であると考えます。つまり、物と心の区別もない絶対一如の法界に住んでいるとします。我々の日常世界に突然この霊性的世界が閃《ひらめ》き出るとき、肺腑をえぐるような奇行が現出するというのはこのことでしょう。大拙によると、庄松は「いつも第一系列の中から第二系列を見て居る」（『前掲書』99頁）、つまり、無限の霊性的世界から有限の分別世界を見ていることになります。

庄松は犬の前を通るとき、「ごめん」と言ったのですが、つれの坊さんがこれをとがめ、犬などにお辞儀するから、お前はバカにされるのだと言います。庄松は「〔大意〕犬も十方衆生の中だ、だから弥陀の誓いがかかっている。それで自分はお誓いを拝むのだ」と返答します（第六二則）。庄松にとって、犬も霊性的世界からきたものでした。

大拙には石見（島根県温泉津町《ゆのつ》）の浅原才市《あさはらさいち》の信仰について研究した著作があります。昭和二十三年に完成した『妙好人』（法蔵館）がその初期のものです。石見の浅原は無学な下駄職人でしたが、膨大な宗教詩を残しています（次節【柳宗悦の「妙好人」論】参照）。それはほぼ平仮名だけを使ったものでした。才市は世間との接触に積極的ではなく、その作詩を知る者はほとんどいなかったようです。才市の五十回忌が営まれたとき（１９８１）、温泉津の多くが才市のことを知らないという状況でした（『朝枝善照著作集』第五巻、永田文昌堂、２０１１年、第一部四）。

柳宗悦の「妙好人」論――浅原才市《さいち》――

民芸評論家として高名だった柳宗悦は民衆の中で育てられた民芸の美に着目しただけでなく、鈴木大拙の影響もあって、真宗の宗風の中から生み出された在俗の篤信者である「妙好人」について考察を重ねました。その柳は妙好人をいくつかの型に分けています（柳宗悦「妙好人」「源左の一生」『柳宗悦　妙好人論集』岩波文庫、１９９１年）。

柳は浅原才市と因幡の源左を対比し、才市を「静的な型」とみなします。「昼は下駄作りにいそしみ、夜は「口あい」（歌）を記すのに時を忘れた。この単調な暮しを二十年も続けた。温泉津《ゆのつ》の人ですら彼が何をしているかを気附く者は稀《まれ》であった。彼が行く所は寺以外には余りなかった。彼は独り弥陀と日々を暮し、南無阿弥陀仏の中にのみ浸っていた」（柳宗悦「源左の一生」『前掲書』２３８頁）と、その信仰生活をまとめます。ちなみに、才市の静的な生活は本書第二章で扱った熊谷守一の生活と類似しています。熊谷守一も晩年の二十年間ほどは自宅から出ず、夜は画室にこもる生活を続け、九十七歳の長寿を全うしました。「仙人」とも称され、文化勲章授与を拒絶し、「生きること」だけを望む無欲な人生を送った人でした。

柳は、妙好人にはいくつかの型があって、讃岐の庄松を「禅坊主のような問答をする」妙好人とします。「哲学的」とも評します。また、赤尾の道宗のように自分を戒めるのに厳しい妙好人や大和の清九郎のように温和な人柄の妙好人もいます。以下、浅原才市と対照的な「動的」な妙好人・因幡《いなば》の源左《げんざ》を取り上げます。浅原才市、讃岐の庄松と並んで、因幡（鳥取県氣高郡青谷町）の源左はすぐれた妙好人として知られ、その言行録をまとめた『妙好人　因幡の源左』（百華苑、昭和三十五〔1960〕年新版）が、柳宗悦によって出版されています。源左は文字が読めませんでした。妙好人の生の声を探るために、柳は源左をじかに知る人達の口から源左の言行録を集めました。

なお、妙好人を、文字さえ知らない「生活型妙好人」と、哲学の素養のある文字を知る「思想家型妙好人」に分けるのが朝枝善照（1944〜2007）です（『朝枝善照著作集』第五巻、第一部五）。朝枝は浅原才市について、求道を重ねる思想家型の妙好人に近いところがある、と考えているようです。「思想家型」は「理想の真宗」をめざす人達ということです。朝枝が念頭に置いている「思想家型妙好人」は川上清吉（1896〜1959）です。川上は「真摯な求道、熾烈な伝道の人」として知られていました（幡谷明「川上清吉」『親鸞に出遇った人びと』第三巻、同朋舎出版、1992年）。ただし、「生活型／思想家型」の区分を才市のような妙好人に適用することに、どのような意味があるのでしょうか。たしかに、少なくとも浅原才市については、その詩作内容から、厳しく自己を内省する態度が濃厚で、また、仮名文字をかろうじて操れたことからも、文字を知らない「生活型」の妙好人とは言えないでしょう。

しかし、因幡の源左や三河のおその、讃岐の庄松などが、文字を持たなかったにしても、他力の法義の理解が浅原才市と比べて浅かったとはいえないでしょう。信仰を深める経路が文字を媒介にすることができたかどうかの違い、と思われます。鈴木大拙は文字を知らない讃岐の庄松を「学問に汚されない禅的人格」とみなしています。また、庄松を「哲学的」、才市を「文学的」とみなす人もいます。さらに、菊藤明道氏（『鈴木大拙の妙好人研究』法蔵館、二〇一七年、77頁）によれば、愚直型、頓機型、詩人型、穏和、機鋒、思索、自戒型などの型もあげられます。才市の詩について、川上清吉が追及する「理想の真宗」に共鳴するものがあったにしても、才市を「生活型／思想家型」のどちらかの型に属させるのは無理があるように思えます。そもそも、「生活型」の意味があいまいです。

鈴木大拙は『妙好人　物種吉兵衛語録』（楠恭〔編著〕文一出版、1974年刊）の「序」（昭和二十三年）で従来の妙好人観が覆された体験を述べています。大拙は「『妙好人』というと、ただのありがたやのように思われた、然らざれば、私心のない善行家とのみ見ならわされてきたようである。とに角、自分どもはそのような人々に外《ほか》ならぬと考えてきた」のですが、庄松や物種吉兵衛の言行録にふれ、「今までの真宗学者が妙好人をただ有難屋とのみ見ていたのは大なる誤りと考えなくてはなるまい」と、します。妙好人には深い宗教的な体験があり、そこから新たな立場を展開する可能性があるのだそうです。

なお、浅薄な「ありがた屋」はいかなる妙好人の型にも当てはまりません。「ありがた屋」には自己内省が欠如しています。

妙好人に色々の型があって、各型にまたがって様々な要素が混在しているのですが、その多様性の根底に共通する基本特性があるとは柳宗悦などが指摘するところです。この基本特性について、楠恭・金光寿郎（『妙好人の世界』法蔵館、1991年、43〜44頁）は、比喩的に、「人格的光」、すなわち、自ずと本人の身から発せられる精神的な光、とみなします。それが人々を引きつけ、信順させる力となるわけです。

柳宗悦は、さらに具体的に、浄土門の枠の中で、「それでは妙好人は、どんな道を徹した人なのか。ここでは道筋は禅者などと対蹠《たいしょ》的なところがある（中略）妙好人などに示される浄土門の極意は、いたく姿が違う（中略）妙好人は『天上天下、唯我独悪』を深く体験している人々だといってよい。『唯我独悪』というのは、この世に自分ほど悪い者はおらぬという自覚である。誰よりも自分が悪人だというのみならず、真実には悪人は自分一人なのだとまで気附かせて貰うことである」（「妙好人の存在」『前掲書』）と、自分を悪人と自覚する意識を妙好人の特性としてあげます。同時に、自分を卑小な存在と懺悔して罪に泣くとき、救いの手に支えられる。つまり、他力の救いを信じ、歓喜を体験することで「慙愧が歓喜」へ変わる体験を味わうことになります。こうした宗教的な人格の変容は次のような特性を帯びるとされます。

釋徹宗（「真宗における宗教的人格―妙好人の人間像を訪ねて―」『妙好人研究集成』法蔵館、2016年、所収）によると、宗教的人格が成熟することで、四つの共通特性があらわれます。なお、①は②があって初めて成り立ちます。①自己が罪深い存在であるという「自己の有限性の自覚」。②自己を超越した存在からの働きかけを体験する。③宗教的な価値がすべての世俗的な価値を否定する。つまり、世界観が一大転換する。④他の存在への愛が深まる。これらの宗教的な特性は個人の性格傾向とからみあい、成熟しながら社会的な適応をとげるわけです。釋徹宗は妙好人の共通特性を成熟した宗教的人格と比較し、「妙好人は成熟した宗教的人格の特性を持つ」と考えます。

性格傾向は生物学的な素因にも左右されます。たとえば、本書第一章の【まとめ】でふれたように、良寛は「細長型・内気」という体格・性格特性にしばられ、熊谷守一は「闘士型・細長型」の合質に由来する「頑固・内気」の性格特性を持つ、と考えられます。

成熟した宗教的人格は体格・性格特性の上位に位置することになるでしょう。頑固・内気な人であっても、宗教的に成熟する過程で温厚で穏やかな人柄になります。腹をたてない人間はいないのですが、仏法で根が切ってあるので、実を結ばず、妙好人は穏やかな心情をとりもどせます。これは**物**《もの》**種**《だね》**吉兵衛**（1803～1880）という妙好人の語録にあります（稲垣瑞劔『信者吉兵衛』百華苑、

1956年、200頁、一四四「腹立たいでか」）。

柳宗悦は、「妙好人」（『前掲書』）で、一人の妙好人の言行を詳しく記録したもので第一に評価できるのが『庄松ありのままの記』（後に、鈴木大拙『庄松言行録』として出版）で、次いで優れた文献が『信者吉兵衛言行録』（片山専寛・集）である、とします（本書では、引用は稲垣瑞劔の編集した言行録からで、番号はこの言行録に付けられているものを使います）。吉兵衛は大阪府堺市船尾の出身、真宗の門徒で、農業を主な仕事にしていたのですが、田畑を売り払い、求道の旅に出たのは五十歳過ぎだったと推定されます（稲垣瑞劔『信者吉兵衛』115頁）。これ以前に、吉兵衛は三十歳後半で、「死んでいけぬ」という不安を抱えて求道の旅に三年間出ています。

なお、宗教的な人格を、「往相的」と「還相的」に分けることもできます。「往相的人格」とは、自分自身の心を主に往生浄土に向ける型で、「還相的人格」は周囲の人々に法義（宇宙の摂理）にふれる悦びを与える型です。「還相的人格」については、本書第一章の【まとめ――「還相的人格」】――】で、良寛・熊谷守一がこれに当たると述べました。守一は画家で、特に真宗の宗風にふれてはいないのですが、画業を通じて多くの人々に宇宙の摂理を感じさせることができた、と思われます。守一は信心があるから「南無阿彌陀佛」の六字名号が書けるともいいます。「南無阿彌陀佛」の背後で宇宙の摂理が働いていることを感じ取っていたのでしょう。また、良寛がそうであったように、守一に接触すると、「清々《すがすが》しい気持ち」になったといいます。

柳宗悦は、「源左の一生」（『前掲書』）で、妙好人はとかく往相廻向の面が強く、還相廻向の面が乏しい、という通説を紹介し、浅原才市を典型的な往相廻向の妙好人とします。「才市は彼の信心を自らのうちに向け、独り悦びに深く浸った。それだけに内面的な思索に深いものがあった。が同時に他に混じって市井に入り、済度の希《ねが》いを果たすことが稀であった」と、法悦を宗教詩に書きつけることに喜びを感じる生活を送ったとします。紙きれや鉋屑《かんなくず》に書きつけたものを夜にノートに書き写しました。

浅原才市《あさはらさいち》（１８５０～１９３２）は島根県大田市温泉津《ゆのつ》町小浜の人で、昭和七年、八十三歳で亡くなっています。九州で船大工をしたあと、故郷に戻り、下駄作りの仕事に従事します。鈴木大拙（『妙好人』（42～45頁）によれば、父親は「法義もの」と知られた熱心な真宗門徒で、才市も十八、九歳のころから寺詣を始め、ほぼ三十年間、求道にいそしみ、信心を決定したとされます。才市が宗教詩を書き始めたのは六十四歳ころからで、全部で一万近くの詩を残したのですが、散逸し、焼失したものも少なくなかったようです。

鈴木大拙自身が『妙好人　浅原才市集』を編集しています。「才市は仕事中でも、歩いていても、思いが高まると詩を書いたといいます。紙切れや、鉋《かん》くずに書いて、それらを夜ノートに書き写したということです。平仮名のいろは四十八文字と少々の漢字（多くても二十字たらず）を知っているだけ」（楠恭『妙好人を語る』38～39頁）と、文字の扱いは苦手だったのですが、内閉的な性格もあって宗教体験を書くことに情熱を注ぎました。

本書第一章の【看板書き・タバコ】で、熊谷守一が好んで書いた字に「無一物」があることにふれました。鈴木大拙（『妙好人』１０２〜１０８頁）は、才市の詩から「本来無一物」の考えを取り上げています。浄土門の発想では、何もかも阿弥陀さんの方にとられて丸裸になった有様で、自力の思いが抜けて、他力の法義につつまれます。鈴木大拙『前掲書』（１０２頁）で紹介された詩をここに引用します。浄土門の「無一物」では、生きながらに「浄土」に入り、「親様の御慈悲」につつまれて、我執から解き放たれ、自在の境地を楽しめます。そのことを才市は歌っているわけです。

さいちにや、なんにもない、よろこび、
ほかにわ、なんにもない、
ゑゑも《（好いも）》、わるいも、みなとられ、
なんにもない。
ないがらく《（楽）》なよ、あんき《（安気）》なよ。
なむあみだぶに、皆とられ、
これこそあんきな、なむあみだぶつ。

温泉津の共同温泉の前に才市の銅像があって、その額に角がはえています。才市が自分の肖像画に

角を描くことを画家に頼んだといわれています。肖像画は大正八年ころの作です。二本の角をはやした才市が合掌する姿で、角は「機」、合掌は「法」を表わしているのだそうです。「機」は凡夫である才市自身です。『朝枝善照著作集』第五巻（第二部第二章五「才市さんのつの」）に引用されている才市の詩をあげます。

「浅原才市の像」（石見の才市遺品館蔵）

心も邪見　身もじゃけん
角を生やすが　これがわたくし
あさましや　あさましや
なむあみだぶつ　なむあみだぶつ

浅原才市を「静的」な「往相的人格」とする一方、柳宗悦は因幡の源左を「動的」な「還相的人格」とします。「源左は好んで他の人々と語らい合った。彼を知らぬものはその村には一人もいなかった（中略）彼との縁にあずかることを人々は心待ちに待った。彼は寺からも大家《たいけ》からも百姓家《ひゃくしょうや》からも招かれる身であった」（柳宗悦「源左の一生」『前掲書』）と、源左が日々の生活行事に真宗の教えを生かしきった還相的人格の持主と考えます。

本書第一章の【妙好人の特性】で、妙好人の特性を六箇条あげましたが、⑥「還相的人格」はそのうちの一つです。他に、①所有欲・名誉欲が希薄であること、②生命を尊重し、動植物・子供への愛情がふかいこと、③内省力・罪業感が強いこと、④不平不満ですら仏の慈悲に転換できること、⑤働き者であること、などが妙好人の特性と考えられます。ここで、妙好人の特性④について、五巻本の『妙好人伝』（二篇下十四）にある豊前国中津郡の極貧の篤信者・新蔵を具体例にあげます。謂われのないことで乱暴されたのに、それをありがたい教えと歓喜します。

〔大意〕あるとき、薪をかついで町に出たおり、相撲があって見物したのですが、大男が真逆さまに投げられて大怪我をおいました。このような怪我が起きたのは、見物の中に神仏に嫌われる者が紛れ込んでいたせいだ、捜し出せと大騒ぎになり、新蔵がひどくみすぼらしい風体であるのを見つけ、折り重なって殴る蹴るの乱暴に及びました。新蔵はほうほうの態でその場から逃げ帰り、女房に次のように言いました。「今日は近頃にないありがたい御意見を受け取った」と言えば、女房は「それはしあわせなこと。私にもお裾分けくださ い」と言います。新蔵は相撲場での出来事を説明し、「この世でいとわしい人間と見られる我が身が、来世では阿弥陀仏と同体にならせていただくお悟りをいただけると決定しているのに、私は歓喜の心も浅く毎日を送っている。それで私にこのような御意見を下されたのだ。そう思うと、喜ばずにはおられないではないか。お前も喜んでくれ」と言って、夫婦とも己《おのれ》を忘れて歓喜雀躍《じゃくやく》したといいます。

なお、源左ほど⑤に当てはまる妙好人はいません。柳宗悦は「人間は働くように造られていると彼「源左」はいつもいった。働くことを彼はむしろ可愛がった」（「源左の一生」『前掲書』）と、源左の勤労精神を紹介します——源左は口ぐせのやうに云つた、「働くことが一番《いっち》尊いだがやあ、がんじよう可愛げつてなあ」（『編著者・柳宗悦、改訂増補・衣笠一省』『妙好人　因幡の源左』百華苑、1960年、源左言行録〔一五八〕）。源左にとって労働は阿弥陀仏の本意にかなうことで、感謝の気持ちで労働にいそしみました。

源左言行録〔100〕に、「眞宗の者《むな》あわけて心得ておかにやならんけのう。せはしい仕事を休んで、お寺参りばつかりしてをると、世間から云はれちや、有難い御法に疵が附くけれ、詣つて聞く間の時間は、朝《あさま》と夕《ばんげ》とに埋め合わせせにやならんだいのう」（〔大意〕真宗の門徒は格別に心得ておかなければならない。忙しい仕事を休んで、お寺参りばっかりしていると世間から言われてしまうと、有難い御法にキズがつくから、詣って聞く間の時間は、朝と夕に埋め合わせしなければならないのだ）とあり、世間との接触にも気を使い、労働にはげんだことがわかります。

源左の日課をあげると、たいていは、午前一時か二時に起きてお勤めをし、それから土間で草履を作ったりしました。空が白みかかると、牛をつれて山に草刈りに行き、帰ると朝食をとりました。寒い時に炬燵に炬燵にあたるよう勧められても、「〔大意〕道を歩いていても、お慈悲を思わせていただければ、ぬくい。炬燵にあたっておれば、前ばかりがぬくいようになる」と、言って断りました（源左言行録〔四二〕）。源左は、田仕事が終わると手を洗って、おし頂きました。「〔大意〕親からもらった手はつよいもんだな。鍬などのように、いつか先が欠けたりはしないですむからな」と、自分の掌をかざし見て言いました（源左言行録〔一二五、一二六〕）。

物種吉兵衛の言行録に、妙好人の労働観が見事に表れています――「ここは世渡《よわた》りと申して、世を渡るようにして下されてあるノヤ。働くとお賃與《ちんあた》えて下される。其《そ》の御賃を戴いて食《よ》ばれて行けるようにして下されてあるノヤ。働くことが嫌《いや》なら食《く》わずに、着《き》ずに居ればよいワヤ」（稲垣瑞劔『前掲書』141頁、信者吉兵衛言行録〔一八〕「働くことが嫌なら」）。吉平衛は「この世は如来のおかげで、働けば生活できるようになっている」という信念で、働きずめの人生を送った妙好人です。

なお、柳宗悦が「静的」な妙好人とする浅原才市も働くことについて、次のような詩を残しています。才市にとって、この世のすべての事柄が如来と一体化することで、この世がそのまま浄土の生活になるというわけです。そこでは、労働も苦にならず、喜びのうちに弥陀とともに還相回向の本願をはたす仕事に励む、と考えるのが鈴木大拙で、浅原才市を還相回向に励んだ人とするのですが、柳宗悦は才市を往相廻向の人とします。柳の場合、対人的な交流が濃密であるかどうかによって、往相／還相の区別を考えています。才市は働き者でしたが、人との交流は苦手だったようです。才市の信仰や詩作を知る土地の人は少なかったとされます。

　なむあみ太ぶもべつ《別》二《は》わない
かぎよ《稼業》するのもなむあみ太ぶつ（鈴木大拙〔編著者〕『妙好人　浅原才市集』春秋社、1967年、441頁）
かぎよ《稼業》のなかもく《苦》二《には》やならの《ならぬ》
なむあみ太とをる《居る》とをもゑば《思えば》（『前掲書』189頁）

　鈴木大拙は、自己の利得に関心を持たず、下駄作りなら下駄づくりに日々精進し、一人一人が、お互に他人のために働くところに、還相回向の弥陀の本願力が生きていることになる、と主張します。真宗の還相回向は、別の見方からすれば、『みだ』は才市に仮託して、この世の稼業を営みに行く」とも言えそうです（『前掲書』7頁）。なお、繰り返しになるのですが、本書では還相／往相の区別を対人的な接触・影響力の濃淡によるものと考えます。これは鈴木大拙の分け方ではなく、柳宗悦の区別と類似します。

釋徹宗があげる宗教的人格特性も上記の6箇条と重なります。つまり、妙好人の特性は成熟した宗教的人格と変わらず、それも真宗の教化によって成熟したとされます。学問とは縁のない無学な妙好人がこのような特性を示しているからです。妙好人とは、悪人のまま「南無阿弥陀仏」に一切を任せることで安心《あんじん》を得させてもらった人達ともいえます。なお、浄土門の教理では、「還相」は「往相」がすんでいなければ成り立ちませんが、この「還相」は浄土教の教理に組み入れられていなくても、『良寛禅師奇話』の第四七話にあるように、周囲の人々を何となく「和やかに・清々《すがすが》しくする」人柄を含みます。良寛や熊谷守一がそのような人柄だったことは、繰り返し述べました。

民衆の中から妙好人を生み出すことが真宗の存在理由であると柳宗悦は主張します――「想うに『妙好人』が輩出することにこそ、宗祖の願いがあったのではあるまいか。ここにこそ真宗の強みがあるのではあるまいか。私は何も『妙好人』だけでよいとは考えぬが、しかし私は在家仏教としての真宗の面目は、それが民衆的性質を持つ限り、『妙好人』を生むことにその生命があると考える者の一人である」（柳宗悦「真宗素描」『前掲書』）。

これについて、柳宗悦はいくつかの要因をあげます。真宗では寺で法話が行われ、「熱心な者は、それらの説教を、あちらからこちらへと聴聞《ちょうもん》して歩く。それにも増して著しいのは同行《どうぎょう》の寄合いである。御示談《ごじだん》、即ち法談が彼らの間でとりかわされる」といったように、法話と御示談が信者の育成に重要な役割をはたすとします。その結果、「真宗を支《ささ》えている力は、何と言っても平《ひら》信徒にある（中略）在家の人々の中に極めて篤信な者が出るのである」と、真宗の教化方法に妙好人が輩出する理由があるとします。

また、柳は、勤行に使用された『和讃』『御文（御文章）』の版本や写本が美品であって、これらが普及することで門信徒の篤信の念を育む心の糧になった、と考えます。さらに、『和讃』『御文章』は在家信徒には難解な漢文でなく、仮名交じり文で書かれています。しかも、その内容は簡要で、韻律をともなうので、耳に残りやすいという利点があります。こうした媒体を通じて在家信者は法義を心から語り合い、喜ぶことが出来るわけです。

「善人なほもつて往生をとぐ。いはんや悪人をや」という「悪人正機」の教えそのものが民衆の心をとらえ、内面の変容をうながしたことが根底にありますが、それだけでなく、法話・御示談・法座・『和讃』『御文章』などに親しむことで、在家信者は法義を育て共有することができるわけです。さらに、柳は、「源左の一生」の末尾で、真宗門徒集団全体が妙好人を育て生み出す雰囲気・土壌を持っていた、とします。

妙好人は真宗の園生《そのう》に咲くいとも美しい花なのである。だが花のみを見て、それを培《つちか》い育てる力を見忘れてはなるまい。源左を見るとまたしてもここに一人の稀有《けう》な天才が現れたと思うのかも知れぬ。だがその深さ浄さを彼一人にのみ帰してよいか。彼の大は、さることながら、その大を充分現わしめた雰囲気があることをも見過してはなるまい。高座にかかる説教、悪人正機のその教え、厚く法義を守り合う同行たち、口々に出るその称名、この中に源左も幼ない時から育ったのである。もし山根の村に篤信な善男善女がいなかったら、よもや源左はその仏縁を結び得はしなかったであろう（中略）源左は無数の信徒の結晶した姿なのである。（「源左の一生」『前掲書』）

源左の人生と信仰

ここで、近世末に生きた妙好人の代表として、因幡《いなば》の源左《げんざ》を取り上げます。本名は足利源左衛門。源左の言行・家系などについては、柳宗悦が『妙好人　因幡の源左』にまとめ、昭和二十五年に初版が、ついで昭和三十五年に改訂新版が出されました。「源左の一生」という文章は『妙好人　因幡の源左』に載せられていますが、岩波文庫『柳宗悦　妙好人論

「因幡の源左の像」
（柳宗悦『妙好人 因幡の源左』大谷出版社 1950）

集』にもほぼ同じものが収録されています。ここでは引用に岩波文庫版を使用します。

家族歴

柳による「家系」調査によれば、源左の家は、源左が五代目に当たる鳥取県気高郡青谷町字山根の農家でした。源左の祖父・忠三郎は八十五歳で死にました。性格は激しく厳しいところがあったそうです。源左の父親は善助といい、コレラで若死にします。源左が十八歳の時でした。法名は釋好善。信心深い人だったそうです。死ぬ時に、源左に「おらが死んだら、親様をたのめ」と遺言したと伝えられています。この言葉が源左の生涯を決めたともいえます。源左の母親は「ちよ」と呼ばれ、檀徒中で第一の娘との評判でした。長命で八十八歳で死にました。法名は妙順。

源左の兄弟姉妹は男女それぞれ二人。つまり善助は五人の子持ちでした。三男の亀三郎については、信心深く、源左と仲が良かったといいます。他の三人については、宗教的な性格であったということは知られていません。源左の妻は「くに」。源左より三歳年上で、七十一歳で死亡しました。特に信心深くはなかったのですが、「淳朴でよく夫に仕えた」そうです。

源左夫婦には五人の子がいましたが、長女は五十八歳で、次女は三十八歳で、長男は生まれてしばらくして死んだそうです。

次男・竹蔵は、源左八十歳のとき、四十九歳で死亡。信心深く、父親を敬っていたのですが、長女の死や水害を蒙ったせいか、明治二十六年二十一歳の時、一時精神に異常をきたしました。その後、立ち直ります。

三男・萬蔵は四十七歳で死亡。養子に行き京都で谷口姓を名のりました。この萬蔵も信心深く、父親の気質をよく受け継いだものの、精神に異常をきたします。源左は京都に萬蔵を迎えに行き、連れて帰ったのですが、癒えぬまま、死亡します。源左は老年で相次いで次男と三男を失いました。災難が重なりましたが、源左は「〔大意〕これも如来さんからの御催促です。これでも往生できないかと。ようこそ、なんまんだぶ」（源左言行録の〔四九〕）と、言っていたそうです。「ようこそ、なんまんだぶ」とは、何事も浄土往生の仏縁と思っていたことから出てきた言葉でしょう。浄土往生の意味が問題ですが、「死の問題はいつも生死一如の基本に立ち返って考えるべきだという如来の催促」との解釈もあります（楠恭『妙好人を語る』日本放送出版協会、２０００年、１５９頁）。結局、源左はすべての子供に先立たれました。

子供に死なれるという不運は物種吉兵衛にも襲いかかります。一人息子が急病で死んだのです。十五、六歳でした。『信者吉兵衛』（１３２頁、〔三〕「此《これ》は此世の有様」）では、「近所の人々が悔みに行った。定めて吉兵衛様は片手もぎとられた様に思うて居られるであろうと御悔み申すと『これは此の世の有様で御座ります』と申してピクットもして居られなんだ」と、表面は静かに死を受け入れている様子を書いています。本書第二章の【「南無阿彌陀佛」と《仏前》】で、熊谷守一が死んだ長女のために六字名号を書き、供養のために黒い盆に三個の卵を描いていることにふれました。生きる苦しみを三人三様に受け取っています。源左と吉兵衛は典型的な妙好人で、守一は妙好人の特性を濃厚に持っていた画家です。

体格と性格

妙好人は働き者で、源左や物種吉兵衛は典型的な「一日為《じつ》さずんば一日食はず」の生活を送った妙好人です。そんなことから体格は立派でした。

まず、物種吉兵衛について、その体格と性格をさぐるのに、死亡前年の写真と半切の軸物の絵が手がかりになるそうです。稲垣瑞劔（『前掲書』76頁）はこれらから「相当頑健な、立派な體格の持主で」あると推定します。七十八歳の寿命を全うしました。また、言行録から「雑魚か、干物か、乾物か、野菜物などを賣《う》り歩いて細々と家計を立てていたらしく思われる」（稲垣瑞劔『前掲書』76頁）ことから、筋骨たくましい体格であったようです。恐らく五十歳過ぎで求道の旅に出る資金を捻出するために、田畑を売り払ったようです。ただし、老年に入り、吉兵衛は軽い中風になりました（『前掲書』123頁）。

働くことを好んだ源左も、柳宗悦の「源左の一生」（『前掲書』221頁）によれば、同様に強健な筋肉質の身体を持っていました。「彼の丈《たけ》は五尺四寸ばかりであった。躰質は頑丈で骨格は逞《たくま》しく、眼は大きく口許はしまり、特に彼の両手は弛《たゆ》まざる労働のしるしであった。『この手は働くためにこさえてむろうた手で御座んすけえなあ』とも、『親からむろうた手というものは丈夫なむんだのう』ともいった」と、柳は描写します。闘士型の体格から引き出せる性格は「地道な努力家」でしょうか。仕事を着実にやり抜く堅実性が目立ちます。これは物種吉兵衛にも当てはまります。源左の背丈は普通でしたが、身体は丈夫で、クスリを用いた事もなく、病気になったこともなかったそうです。野良仕事をするときも、途中で手を休めることはなく、ひと田を終えるまで続けて働いたそうです（足利元治「思出（六）」『妙好人　因幡の源左』柳宗悦・衣笠一省〔編〕、所収）。

青年時代の吉兵衛は「暴れん坊」で、村相撲の横綱だったと言い伝えられていたそうです（稲垣瑞劔『前掲書』115頁）。背丈も高く、体重は八十キロで、堂々とした体格でした。また、「闊達にしてユーモアに富んだ性格であった」そうで、義理堅く、よく気の付く人で、壮年期は厳しく、こわいところがあったものの、晩年には「優しさと春の海のようなゆったりとしたのどかさがあった。信仰が人格の中に消化されて、彼に接触する人に不思議な落ち着きを感じさせたということである」と、楠恭は吉兵衛にも「還相的人格」を認めています（楠恭〔編著〕『妙好人　物種吉兵衛語録』文一出版、1974年、29頁）。

また、吉兵衛はユーモラスで愉快なところがあって、社交的だったそうです。「肥満型」が多少混合していたのかもしれません。腹が大きく突き出ていたそうです。ただし、肥満型の躁鬱気分変動や「細長型」の内閉性・過敏と冷淡の両極性はまずみられないようです。源左や物種吉兵衛は弛まない求道者であるのと同時に、おおらかな人柄であったようにみえます。楠恭（『前掲書』30頁）は「彼（吉兵衛）の信心の発揮はもっぱら他人との日常的接触の場においてなされたのである」と指摘します。

源左にもそのような傾向がみられるのですが、対照的に、石見の浅原才市については、非社交的で内向的であると楠はみなします。才市の生活は内閉的で、詩作に集約しています。なお、源左には文字がなく、物種吉兵衛は読み書きができたと思えるのですが、書いたものは何も残されていません。吉兵衛にとって、信仰を媒介に他人と直に接触することが性格に合ったのでしょう。

入信（源左・物種《ものだね》吉兵衛）

柳宗悦の「源左の一生」によれば、源左は子供の頃はかなりの腕白だったと伝えられます。しかし、萬延元年、十九歳のときに、藩から篤農家として表彰されています。また、明治十二年、三十八歳で、島根県から篤農・孝行の人格者として表彰されます。だが、十八歳のときに父親を亡くしたことをきっかけに、苦しい求道生活がはじまったようです。他力の教えに目覚めるまで、十年前後かかったようです。源左言行録の〔一〕〔二〕〔三〕（「入信」）を大意紹介します。

法を聞き始めたのは十九の歳だったな。おらが十八の歳の秋、旧の八月二十五日のことだ。親父と一緒に昼まで稲刈りしていたら親父はふいに気分が悪いといって家に戻って寝たが、その日の晩に死んでしまった。親父は死ぬ前に、「おらが死んで淋しければ親をさがして親にすがれ」と言ったんだ。その時から死ぬということがどんなことか、親様というのがどんなものか、不思議で、この二つがとんでもない苦しみになって、仕事がまるで手につかないで、夜も昼も考えぬいて、その年も暮れたんだ。翌年の春になって、やっと目が覚めて、手次の願正寺などに聞いてまわったり、御本山にも何度も上らせてもらったけれど、しかられたり、諭されたりして、帰って来たんだ。お寺の御隠居さんにさんざん聞かせてもらい、お世話になったんだけれど、いつもご隠居さんは「源左、もう聞こえたよなあ、有難いなあ」と言ってもらったんだけれど、どうしても聞こえなかった。しぶといわが身がなさけなくなったんだ。易しい道とは教えてもらうけど、聞けば聞くほどむずかしく、何度も親さんに背を向けたり、見限ったりしたかもしれないんだ。むずかしい、むずかしいといっても、自分がむずかしくしているだけなのに。

源左がいかに一途にのめり込む性格であったことがわかります。問題を解決するために、欲も得もなく、思い詰める純情な気性が源左には備わっていました。「親とは何か」「頼るとは何のことか」と、けんめいに自問自答する毎日を送っていたようですが、結局は分かりませんでした。ところが、苦しく、長い迷いの日々が先行していたことから、心に準備状態が整ったのでしょう、問題が解決する瞬間が訪れます。それも突然でした。

ところがある年の夏、城谷《じょうだん》に牛（方言で「デン」という）を追って朝の草刈に行って、いつものように六把刈って、牛の背の左右に一把づつ附けて、三把目を負わせようとしたら、ふいっと分からせてもらったんだ。牛に草をみんな負わせれば、牛もつらいだろうと思って、おらが背負っていたら、おらがつらくなって、「牛《でん》や、つらいだろうけど負ってくれ」と、負わしたら、楽になったんだ。その時、ふと「これが他力なのか」と分かったんだ。夜が明けて来て、そこで一休みしていると、また悩みが起きてきたが、「お前は何をくよくよするのだ。仏にしてやっているのに」と、如来の声が聞こえたので、はっとした。自分は牛《でん》によいご縁をもらったんだ。親様の御慈悲も自分のはからいではないと思って、よろこばしてもらったんだ。家に帰るなり、草も鎌も投げ捨てゝ御隠居さんのところに飛んで行って、御領解（真理の理解）を話したら、「源左、そこだ」と、いわれたんだ。あゝ、このことなのかと思って、世界が広いようになって、ずいぶんと気楽になったんだ。

こうして、源左が他力の法義を得たのは三十歳前後のことでした。他力の教へとは何かを体感し、人間には負いきれぬものを如来が負ってくれているという信仰を得たわけです。源左はどのような困難に直面しても、「ようこそ、ようこそ」と言って受け入れます。源左にとって、「ようこそ」は「法悦と如来への感謝」を表わす言葉でした。この世の出来事は何であっても、「法」を伝える存在であれば、報恩の対象になるからです。

柳宗悦は、源左が信仰を深めるにつれて、弥陀と一体になった、といいます。これは讃岐の庄松にも当てはまる事でした。二人にはそのことを具体的に示す逸話があります。源左言行録の第二六話では、御本山に参拝した同行（仲間）が大地に平手をついて拝む様子を見た源左は「〔大意〕親様の膝元だから、なにもそんなに頭を下げなくてもよいのだ」と言いました。第二七話では、家の仏壇の前でよく居眠りして、行儀が悪いととがめられたとき、「親さんの前だから、どうということもない」と、源左はとりあいませんでした。また、第二八話でも、御文章を持ったまま仏壇の前で高いびきで横になっているのをとがめられたとき、「〔大意〕なにをいうのだ。これが親さんであることなんだ。裁判所で寝ていろといわれても、よく寝られないだろう、ようこそく」と、源左は言ったとのことです。

『庄松言行録』の第一二則「遠慮に及ばぬ」で、ほぼ同じ逸話が紹介されています。庄松が同行と御本山に参拝したとき、本堂で横になって寝たのをとがめられたそうです。「親の内ぢゃ、遠慮には及ばぬく。さういふおまへは、義子《ままこ》であらふ」と、庄松はやりこめました。第二四則も同じ趣旨の話です。「一念帰命とはどんなものか」と尋ねられ、庄松はすぐに阿弥陀如来の御前に寝転んでみせたそうです。

鈴木大拙（『宗教経験の事実』40〜42頁）は、右記の第一二則、二四則の話を第一系列の「無限」

が第二系列の「有限」に投影され、溶け込んだ話、と解釈します。庄松には、仏壇の中の木像が如来そのものであるという意識があった、と考えます。また、『庄松言行録』の第四三則で、草取りを汗まみれでやっていた庄松は仏壇から御本尊を取り出し、竹の先に結び付け、「やれ〳〵親様も御涼しからう」と、言います。大拙は、「庄松が木片を拝んで、生けるもののように挨拶するのを見ると、彼の生活には、物も心もない絶対一如の法界が覗われる」として、「庄松の意識の上では、木像の阿弥陀様と自身の庄松との間に区別がついていない」と、いいます。こうした言行録から、源左と庄松は同じような絶対一如の宗教的境地にたっていたといえるでしょう。

源左の入信は「親様をたのめ」という父親の遺言の意味が分からずに困ったことがきっかけでしたが、入信に先行して、苦悶の日々を送った妙好人に物種吉兵衛がいます。「私は死んで行けぬ」が悩みでした。「死んで行けぬ」とは「安心して浄土に行けそうもない」という意味のようです。『信者吉兵衛言行録』〔一〕、〔二〕の大意を紹介します（稲垣瑞劔『信者吉兵衛』所収）。

こうして座っている間も、毎日、命はあの世の方に移っている。日々、死が首にまといついて来た。蓮如様の御文章に「平生業成《へいぜいごうじょう》」というのがあって、その意味はこうしてこの世で生きている間のことだから、こうしているうちに、往生のすんだ人がいなければおかしい。この身のおさまりがどうなるのか、死んでみないと分からないという話ではない。そんな言葉は疑いの心だ。御文章、御和讃に出会えばこんな者でも助かるように出来ているのに、それに会いながら、自分は死んで行けない。それで自分はじっとしていられなかった。蓮如様の御文章にあるようにこの世に生きて居る内に往生がすんだ人がいなければならない。その人に会いたいという気持ちが起きて、夜分ひとり布団にしがみついて、男泣きに泣いた。どこで聴聞しても分からない。ついに女房に相談して、路銀を腰に巻いて出掛けた。今にも雨が降りそうで、畑の綿を採り入れなければならないが、ジッとしていられず、目当てもなく、そのまま門口を出た。

名の知れた僧侶や信者を尋ね歩いたが、「あなたは安らかに死ねるか」という問いに答える者はいない。

この求道期間は三十歳後半の三年間ほどだったらしく、我が家に帰ってみると、我が子とも分からないほど子供が大きくなっているのを見て驚いた、といいます。

その後、正念寺の御院に不審のことをだんだんと尋ねたところ、「吉兵衛はあまりに聞きが強いので、他力を見失うかと思う」と言われた。ある日、西方

「物種吉兵衛の像」
（稲垣瑞劔『信者吉兵衛』百華苑 1956）

寺元明に聴くしかないと勧められ、さっそく面談に及んだ。吉兵衛は五十歳にも達していた。「私は死んで行けません」と言うと、「死なれたらよいかな」との返答だった。それから、「御領解文《ごりょうげもん》の通りか」と言われた。吉兵衛はこの言葉を耳にして、この人こそ自分の善知識であると直観し、「私の善知識はこんな者の聞き心まで払ってくれた」と、思った。

西方寺殿が言うことは、およそ次のことでした。吉兵衛は、聴聞を重ねていたのに、自力的な要素が捨てきれていない。たとえば、答えを聞こうとするあまり、聞こうとする自力から抜け出せていないわけです。領解文には自力を捨てて、他力に帰依せよと書いてあるのに、吉兵衛の目には領解文が見えていませんでした。吉兵衛は原点に帰る必要がありました。また、「死に方に執着するのは、如来の本願力を疑うことである。安心して死んで行けても、行けなくても、それは如来の側の仕事であるから、吉兵衛の側で思い計らうことでない。すべて如来に任せよ」という他力の教えに入信しました。

『信者めぐり』――三田《さんた》源七・三河のおその・出羽弥左衛門――

大正十一年に出版された**『信者めぐり』**は篤信の真宗僧俗の信仰を紹介したもので、五編から成ります。第一編「同行法義物語」が妙好人伝とみなされるもので、八人が取り上げられています。そのうち、「三河おその同行」「讃岐庄松同行」の二人については、作者・三田源七が直接面談したわけでなく、すでに知られた法談・法話をまとめたもので、残る六人の言行録が源七が直に見聞した妙好人伝とみなされます。

「三河おその」については、安政三（１８５６）年に僧純が編纂した『妙好人伝』五巻本の四篇下にその伝が収録され、「おその」は嘉永六（１８５３）年に死亡したとのことで、三田老人は生前に面談できませんでした。「おその」はその篤信が称賛されましたが、文字を知りませんでした。『妙好人伝』（第四篇下）の「三州その」の大意をあげます。信仰内容にたちいることはなく、真宗教義の基本を取り上げ、従順な門信徒として讃えています。

三河国奥郡多原《おくこうりたはら》に、「その」という厚信の人がいた。若いときから御法座があれば何処にでも欠かさず参詣し、我を忘れて、法をたっとび悦んだので、皆が心から喜んで諸所に招き御話を聞きたいといえば、「私は何も知りませんが、堕ちてゆくものを必ずたすけるぞとの御言葉ひとつを信じさせていただき、よきにつけても、あしきにつけても、御報謝の念仏をよろこぶばかりです」と言うので、皆がこれを聞いて喜んだという。ある時、矢矧《やはぎ》の橋の上で、「摂取《せっしゅ》の橋に不捨《ふしゃ》の欄干、この『その』がどのような人間でも、堕ちようがない」と、言って喜んだという。また、ある時、あやまって、風呂の落し瓶《かめ》に落ちた事があり、さっそく、やれ気の毒だと引き上げれば、「その」は「自分は今まで地獄へ堕ちることを知らずにうかうかと暮らしているので、御慈悲から御知らせいただいたのです」と言って、涙を流して喜んだので、皆が感激したとのことである。この人、七十余歳で、嘉永年中にめでたく往生を遂げられたという。住んでいた場所の遠近の人々が御法義に深くかかわり、仏法が御繁昌となったのは、この老婆の信心の徳がそのようさせたからである。

『信者めぐり』の原形は**三《さん》田《た》源《げん》七《しち》**（１８４６〔弘化３〕～１９３５〔昭和10〕）の発言の備忘録で、『信者めぐり』としてまとめられ、出版された時には、三田老人は七十七歳でした。なお、源左と三田老人はほぼ同時期に生き、物種吉兵衛は彼らよりほぼ半世紀早く生まれています。『信者めぐり』の「凡例」によると、三田老人は丹波国何鹿郡《いかるがごうり》多田《ただ》村に三田源助の次男として生まれたのですが、十三歳で父と死別し、それが動機となって後生のことが心配になり、説法・法話の席に度々列なったそうです。しかし、信心が得られなかったので、元治元（１８６４）年十一月、十九歳で我が家を出て、求法の旅に出ます。

「三田源七の像」
（三田源七『信者めぐり』興教書院 1962）

各地の高名な信者などを歴訪し、晩年は京都に止まります。越中の竹田順道が上京のたびに三田老人から聴聞し、近江の宇野最勝が備忘録を整理して、『信者めぐり』を編纂したそうです。

十九歳で信者めぐりの旅に出たのですが、まず五里ほど離れた亀岡町の誓願寺とのご縁で、ある話を耳にしました。「自分が本山に参詣した折、白髪の老婆が我を忘れて法義ばなしをしていたので、背をポンと叩き、『ここは御本山の前じゃないか。うかうかしゃべるな。無常の風は後ろから来るぞ』と、大音声でどやしつけたところ、老婆は「親様に御油断があるだろうか」と言う。それで、えらい同行だと思い、名前を聞けば、これぞ音に聞こえし三河国田原の**おその**同行でした」との話です。これを聞き、このような信者に逢えたら胸のつかえが落ちて、ハッキリするだろうと思い、その後、本山へ参詣をして、この時を幸いに信者めぐりをしようとしましたが、財布にはわずか三朱の金しかない。それでも、乞食をしても、信心をいただかなければ、自宅に帰らないと誓いを立てました。すでにふれたように、「おその」は三田老人が求法の旅に出たときにはすでに死亡しています。

「おその」の反骨ぶりは、並み居る僧を煙にまき、門主につながる高僧の権威をものともしなかった話にみられます（『信者めぐり』65～69頁）。大意を紹介します。

越前のある寺で多くの僧侶などが集まる盛大な講習会があった。三河のおそのが近くで同行と相談ごとをすることがあったが、それを講習会の連中に告げ口するものがいた。講習会側は「三河からおそのという老婆が来て、異安心（正統ではない教義にもとづく信心）を勧めているということだが、とんでもない。このままでは、老婆本人だけでなく多くの同行をみな地獄におとすことになる。早く呼び寄せて、懺悔させるのがよい」と、おそのに使いを立てた。仲間が講習会に行くのを止めたが、おそのは臆することなく出かけた。頭目の僧侶がおそのを非難したが、おそのはニコニコ笑って相手にしなかった。おそのは他力信仰の真髄を言っているだけなのだが、凡僧には理解できず、「この婆は気ちがいじゃ、何と云っても喜んでいる。こんなものはホッて置くより仕方がない」と、あきれる。そこで色をかえて大声をあげて叱りつけた。「うかうかとしゃべるのではない。他とは違うぞ。この奥の間では長浜の御連枝《ごれんし》（門主の親戚）がお聞き取りになってござるぞ。分からぬことをいうな」と、叱りつけたが、おそのは「ソウソウご飯を食うて生きてござるお方が分かったら大騒動、分からぬでこそ不思議といえるのだ（〔解釈〕この世で生きている凡夫に分かるはずがない。分かったなら大変なことだ。分からないからこそ弥陀の不思議といえる）」と、一層喜んだ。この様子を始めから聞き取っていた御連枝が「その老女をここへ」と仰せられた。さっそく御前へ出ると、御連枝は座布団をのけて、丁重に、「よく知らせてくれた。弥陀をたのんだとはその姿であった。今日はじめて真の領解（理解）を姿にあらわして知らせてくれた」と、深く感嘆された。その後、おそのの名がますます高くなり、ついには籠で送り迎えをするようになった。

「おその」は臨終で「貴女《あなた》の御領解を一言きかせておくれ」と尋ねられ、わたしに領解はなにもない、一生の間ただ無駄骨を折っただけですよ、と答えたそうです（『信者めぐり』79頁）。所詮、人間の自力的な努力は無駄骨にすぎない、とのことでしょうか。

その年の十二月、三田源七は雪の降る美濃国にはいり、矢島村のおゆき同行を訪ね、一大事の後生が気になる、このこと一つを明らかにして、安心《あんじん》できなければ国に帰らない、と言いました。それから四日間そこに逗留して信心の話を聞いたのですが、少しも訳がわからず、おゆきと別れてから、しばらく行くと「オヽイ」と呼び返され、「〔大意〕どこまで行かれるか知らないが、これで信心を得たなどというのができたなら、如来様・聖人様とお別れだと思いなさい。元の相《すがた》で帰ってもらえたら、御誓約（本願）通りだから、如来・聖人様はお喜びでしょう」と教えられました。自分にはその時なんのことか分かりませんでした。その後、三河国の松林寺様に化導してもらい、ようやく純他力の意味を初めて味わったわけです。凡夫である人間が努力して変われることはなく、如来におまかせするしかない、ということでしょう。

三田源七の他力信仰の求法の旅はまだ続きますが、このような求道譚の原形の一つに、江戸時代後期に成立した仰誓による『妙好人伝』（二巻本）の第二巻に収録された「**出羽弥左衛門**」があります。これは後に（天保十三年）、僧純が編集した『妙好人伝』（五巻本）の初篇下の冒頭に収められています。これには末尾に蛇足ともいえる加筆がみられ、念仏を止めずに火を吹きつける「火付け木」という工夫に言及します。仰誓の二巻本から大意を紹介します。

出羽国の最上に大谷派の門徒で弥左衛門という者がいて、信心がなかなか得られないことを悲しみ、あちこちの僧侶に尋ねたが、解決できなかった。御門主に直に聞いてみようと上京して願い上げれば、集会所の役僧が、御門主の名代が学頭であることから、恵然師に会わせた。恵然師がていねいに教化したところ、いったんは了解したのだが、帰国してまた疑惑が生まれたので、ふたたび上京した。このようなことがしばしばあって、最上から京都までおよそ二百里を三年間で八回も往復して恵然師に教えを請うた。最後には、恵然師は越後の秀啓師を訪ねて教えを問うことを勧めた。秀啓師がねんごろに教示したので、その後、堅固の信者になった、とのことである。

出羽と京都までの間を三年間で八回も往復して教えを請うというのは並外れた熱意です。妙好人と呼ばれる人には、右記の弥左衛門のように、後生のこと、つまり死後のことが気になって、こうして生きている間も不安でたまらないことから、求法の遍歴を重ねる在俗の篤信者がみられます。京都までの道が遠くなかったのは源左も同じだったようです。何度も本山に通っています。

災難

源左の一生は決して平坦ではありませんでした。かなりの災難に何度もみまわれています。火災にも二度みまわれ、自宅が全焼しています（源左言行録の〔五〇〕、〔五一〕）。

〔五〇〕によれば、源左が五十代の頃、火事で丸焼けになり、願正寺の住職が、「〔大意〕ジイサン、ひどいめに逢ったのう。今度は弱っただろうなあ」と、慰めたところ、源左は「〔大意〕御院家さん、重荷を卸させてもらいまして、肩が軽くなりましたな。前世の借金を戻させてもらいましたので、ちっとも心配してもらうことはないですよ」と、言いました。不幸な出来事を如来への感謝に転換します。

また、〔五一〕で、「〔大意〕自分のような親孝行をしない者が孝行の真似をしようと、夜、小便に行ってもどりがけに、提灯に火をつけて、親が怪我をしないようにと思って、唐臼の上に掛けておいたのだが、そのへりに蓑が掛けてあったので火がついたんだな。お役人様が調べに来られて、あれこれといわれるのに、自分は思わずしらず、『なんまんだぶく、有難うございます』と言ったら、お役人様が聴きつけて、『お前は家が焼けているのに何が有難いのか』と訊かれるので、『自分はあなた様の気付かないことが有難いのでございます』といって、心の内で深くよろこばせて貰った」と、記録されています。

さらに、柳宗悦（「源左の一生」『柳宗悦　妙好人論集』）によれば、同行の言うことを信じて知り合いにも出資を勧めたのですが、すべてが失敗に終わり、田を八反歩ほど失ったことがあったそうです。また、連れ合いの兄に騙されて、自分の持ち山を売られてしまいます。源左はこの件を公にしませんでした。「何よりのものをもらっているから」と、源左は言っただけでした。三歳年上の自分の連れ合いの「くに」のことです。

源左にとって苦しかったことは二人の男子を相次いで失ったことでしょう。しかも、二人とも精神に異常をきたしていたのです。源左言行録の〔四六〕〔四七〕〔四八〕〔四九〕〔五三〕〔五四〕〔五五〕〔五六〕にその関係の語録があります。まず、次男の竹蔵について、〔五三〕は竹蔵が精神を病んだのは中年の一時期だったとします（長男は生後じきに死亡）。ただし、柳の「源左の一生」では二十一歳のとき発病。高い松の木に登ったりして、皆をてこずらせたのですが、源左が下から「竹や、済まんが降りてごせいや」（〔大意〕竹や、すまんが降りて来てくれ）」と言うと、素直に降りてきました。竹蔵が狂ったまま歩くと、何も言わずに後について歩き、日が暮れると、一言「竹や、まあいなあいや」（〔大意〕竹や、もう帰ろうや」と言ったそうです。

〔五四〕では、気がふれた竹蔵が研ぎすました包丁を二つも腰にさして、大きなハマチを手に持って寺にやって来て、如来さんに挨拶してくると、本堂に入ったことがあり、陰からその様子を見ていると、御本尊に向かって、「南無源左如来、南無源左如来」と、称えていたそうです。柳宗悦による「家系」（『妙好人　因幡の源左』所収、211頁）によれば、竹蔵ははなはだ信心深く、父を敬ったそうです。ただし、包丁を二本腰にさして本堂に入るというのは、理解しがたい行為です。源左の入信に牛が重要な役割をはたしたことからも、竹蔵は牛を敬いました。〔五五〕では、「一日家から牛を引き出して樹に縛り、そこを通る人毎に『牛如来〱』と云って、之を拝めと勸めた」とあります。

次男の竹蔵が死んだとき、源左は御悔みに対して、「有難う御座んす、竹奴《め》は早うお浄土に参らして貰ひまして、えゝことをしましただがやあ。南無阿彌陀佛〳〵」と応じています（〔四六〕）。同じく、〔五八〕「なんにも因縁だけなあ」とか、〔四七〕「竹はなあ、この世のきりかけを濟まして参らしてもらつたわいの。おらあとろいだで、一番あとから戸をたてゝ参らしてもらうだがよう」（〔大意〕竹は、この世の自分の分を済ませて、浄土に参らせてもらった。自分はのろいので、一番あとから戸をしめて参らせてもらうんだ）と、いいます。

さらに、〔四八〕では、三男・萬蔵の気がふれたとき、「〔大意〕萬さんが、あのような身になって、気の毒に」と、慰めの言葉を掛けられ、源左は「あゝ、ようこそ〳〵、このたび萬《まん》はらくな身にして貰つてのう」と、返答しました。萬蔵は癒えないまま死亡します。二人の息子が死ぬという災厄が重なったとき、源左がもらした言葉については、すでに「家族歴」で紹介しました〔四九〕。迷いの世界から離脱させようとする如来の催促と受け取っています。

源左の「還相的人格」

妙好人の特性の一つに「還相的」があります。すでに、良寛や熊谷守一がそのような性格であったことは述べました。良寛の場合、『良寛禅師奇話』の第四七話に「良寛が泊まると、和やかな雰囲気が家に充満した」と、はっきり書かれています。源左についても、同じ様な話が記録されています。

源左の甥・足利元治は、「秋の収穫が終ると、あっちこっちから招かれて法話に行きましたが、爺さんが来ると家中がなごやかになると、どこでも云はれました。人が死ぬる際にも、よく呼ばれました」と、源左が「還相的」な雰囲気をもっていたと書いています（「思出」〔六〕、『妙好人　因幡の源左』所収、157頁）。柳も同様の主旨を書いています――「彼が行くとどの家も春風が訪れるように柔く和《なご》やかにされた。彼は頼まれれば短い法話もした。多くの者が彼の御縁に逢ふことを悦んだ。話は短かかったが、まるで仏の言葉として響いた」（「源左の一生」『柳宗悦　妙好人論集』229頁」）。

源左の表情について、不思議になごやかであったという話があります――「御同行さん〔源左〕のおかおをよく見なさい、やさしい中にいげんがある（中略）きつと濟度に出てこられたみ佛様だ」（安岡しな「手紙」『前掲書』所収、161頁）。また、柳宗悦（「源左の一生」『柳宗悦　妙好人論集』224頁）も、「彼の顔にはいつもなごやかさが浮かんでいた。彼はほとんど腹を立てることがなかった。人々からいつも不思議がられるほどであった」と、源左のなごやかな表情を特筆します。源左言行録の〔二七八〕にある話も源左の「還相的人格」を示唆します――青谷町にやくざ者がいて、ある時、山根に来て源左の家に泊まった。あとで、そのやくざ者は「〔大意〕山根にはなんという偉い人がいる。おれの様な人間でも、あのような人と一緒にいると、いい人間になる。いい所に泊まらせて貰った」と、言った――。

源左は仲裁者としても優れていました。もめごとを丸く納めことができたのも、「還相的性格」によるのでしょう。源左に接触する人は穏やかな気分になって、争う気持ちが失せてしまうからでしょう。源左は仲裁に頼まれると、「〔大意〕争いは双方に言い分があるから起きる。その言い分を、ちょっとおらに預からせてください」と言うのが常でした（源左言行録の〔七六〕）。足利元治は「人を信じるので時折だまされ、随分ひどい目に逢ひましたが、その解決は源左爺さんでなければ出来ないもので、決して人に傷がつかぬように計らひました（中略）村で何かいさかいが起ると、源左はよく呼ばれましたが、不思議に丸く納めて了ひます。全く仲裁の名人でした」と、いいます（「思出（六）」『前掲書』所収、157頁）。その穏やかな性格は真宗の法義に親しんだ生活から生まれたのでしょう。

源左は法話をすることを好んだようです。これも「還相的」な行為です。法話を聴いてもらうために、源左は「人の荷物を持つたり、肩を揉んだり、灸をすえたりするのが好きでしたが、一つはその間に法話をするためでした。尤もむずかしいことは云はず、有難いといふ話でした」と、足利元治（「思出（六）」『前掲書』所収、157頁）は指摘します。

柳宗悦は人の荷物を担ぎたがる源左の気持を次のように推測します（「源左の一生」『柳宗悦　妙好人論集』225～226頁）。まず、常識的には、困っている人の手助けをしたいという心情が働いていたと考えられます。第二に、阿弥陀仏の御慈悲を少しでも強く感じることを望んだから、と柳はいいます。源左が入信したきっかけは牛に荷を担がせたときで、他力の慈悲を感知したのです。自分の業を阿弥陀仏が背負ってくれていると思いたかったのです。第三は、法話をする機会を得るためでした。

源左言行録の〔六七〕で、子を背負い、両手に荷物をいっぱい持って山越えする里行きの嫁さんに荷物を持たせてくれと言ったのですが、その嫁さんは警戒して持たせてくれませんでした。仕方なく、「なんまんだぶつ〳〵」と念仏したところ、安心して持たせてくれたそうです。「〔大意〕あねさん、これを持たせてもらった代わりに、ちょっと話を聞いて下さい」と、源左は法話をしながら峠をおりました。柳はさらに、荷物持ちの申し出を拒絶された場合、盗人と疑われたのではないかと思う浅ましい自分の気持ちを省みる機会ともなる、と考えます。

肩もみも源左のしたがったことです。源左言行録の〔一一八〕の源左の言葉を紹介すると、「〔大意〕肩をもむのがおらの欲でのう、もむ間だけは逃げないからなあ」と、法話を語り合うのを楽しみにしていたそうです。また、同じ理由で、灸をすえることも好みました。源左言行録の〔二〇八〕によると、お寺の奥さんに「〔大意〕灸を覚えておきなさい。あんたはお寺の人だから、多くの人にお話しをしなければならない。仏法のお話をするには、肩をもんだり、灸をすえたりするのが一番いいことだから、おらが灸の伝授をするので、覚えてください」と、言いました。荷物持ち・肩もみ・灸などの逸話の根底にあるのは、源左の「還相的性格」でしょう。人のためにお役に立ちたいという利他の精神がたえず働いていたわけです。

柿と表彰状

「還相的性格」の他に、妙好人の特性としてあげられるのは①所有欲・名誉欲が希薄であることです。源左の言行録から、まず所有欲が希薄だった逸話をいくつか紹介します。源左言行録の〔六〕〔九〕に、柿の実を盗む者の身を案じる話がみられます。自分の利害を最後に考える源左の生き方を表します。〔六〕では、次男・竹蔵が柿の木に棘《いばら》を巻きつけて、柿を盗られないようにしたのを知って、源左は人の家の子に怪我をさせたらどうする、と叱り、棘を外して梯子をかけたそうです。この梯子がいつまでも置きっぱなしになっていたので、竹蔵が「置いとけば、人がいくらでも取る」と云います。源左は、人が取っても、やっぱり家のものが余計食うよ、と返答しました。〔九〕では、夜中に、若い者が干し柿を盗みに来て、屋根のひさしで音をたてているのに源左は気付き、「〔大意〕おゝ若い衆、あやまちが起きて怪我をしないうちに、そろそろ、いいようなところを沢山持って帰りなさい」と、言ったとのことです。

同類の話は少なくありません。たとえば、〔四〕では、畑の芋を盗み取ろうとする者のために、手でも怪我させてはいけない、と言って、鍬をそこに置いて帰ったとのことです。また、源左言行録の〔八一〕に、源左が冬でも素足だったので、ゴム靴を贈られた話があります。ところが、次の時にまた素足であったので、靴はどうしたのかと聞かれ、源左は、あんまりいいのを貰ったので、若い者が欲しいと言ったので、やってしまった、と答えました。また、帽子を貰ったのですが、いつか途中でなくしてしまいました。ところが、「〔大意〕いい帽子だから、拾ったものは悦ぶからな。まあよかった、いい帽子だったから」と、源左はなくしたことを悦びました。

名誉欲に目がくらむこともありませんでした。何度も表彰されても、我が身の罪深さを忘れる源左ではありません。源左言行録の〔一七〇〜一七三〕で、「〔大意〕きつい御意見に預りまして、この源左めがお親さん（仏）の顔に傷つけちゃならんぞって、南無阿弥陀仏〳〵」、「〔大意〕また、おおきな御説諭に会いました。死ぬまで慎めというおおきな御説諭でした、ようこそ〳〵。なむあみだぶ〳〵」と、阿弥陀仏への報謝を忘れないように自戒します。また、四回もお上から親孝行の御褒美を貰って、大祝いをしたでしょうな、と訊かれ、「〔大意〕源左めは親不幸するかもしれないとご注意下さったんです。祝いは死んでからです」と、答えます。

源左を妙好人伝の列に加えるという話が耳に入りましたが、源左は自分が凡夫であることをわきまえていました。源左言行録の〔一七四〕で、源左を妙好人伝に出すという話に、「〔大意〕死ぬまで出してくださんなよ。死ぬまでは何をするか分からん。業が深いので縛られるかも知れないからなあ」と、死ぬまで罪業深重の凡夫の身であることから、妙好人伝に載せられることを拒絶しました。

また、〔一七五〕でも、「〔大意〕まだまだ妙好人伝に載せないでくださいよ。これから監獄の厄介になるかも知れないからなあ」と、言う源左に、「なぜそんなことを言う。八十七にもなって」と、不審に思う「和上」と呼ばれる偉い坊さんがいました。源左は「煩悩具足の凡夫でござんすけえなあ、十悪五逆の罪を持つたおらでござんすけえなあ」と、答えました。源左は自分が誰よりも悪い人間と思っていたので、妙好人伝に加えられるなどとは夢にも思っていませんでした。妙好人ではないかと評判になった源左は、「佛源左」と呼ばれましたが、「おらのことで御座んせようで。この源左を佛にしたるつて親さんが云わしやるだけのう」（源左言行録の〔一四五〕）と、答えました。

殺生をきらう

源左は動植物など弱い立場の生きものをいたわったといわれます。足利元治（「思出（六）」『妙好人　因幡の源左』所収）によると、「爺さんは殺生が嫌ひで子供達が魚を取つたり虫を取つたりするのを好きませんでした。凡ての動物を可愛がりました。特に牛を大切にしました。信心に入るのに牛が機縁となったからでもあります。やね牛は源左に頼めとよく人が云ひました。源左の手にかゝると、きかぬ牛も皆おとなしくなりました」。「やね牛」とは「荒れる牛」のことです。

荒れる牛を手なずける名人でしたが、高野須泰然（「思出（五）」『前掲書』所収）によると、獰猛な牛をおとなしくさせるのに、源左に頼んで直してもらうと、おとなしくなって突かないようになったそうです。それを不思議に思い、どうしたら直るのかと訊くと、只々その牛を心から憐れんで夜通し撫でてやり、人間にものを言うように、御法話を聞かせて、念仏とともに、よくよく諭してやる、と源左は云ったそうです。言うことをきかない牛をおとなしくさせることについて、源左言行録の

〔一三七～一四〇〕にその方法が書かれています。〔一三七〕には、荒れて乳をしぼらせない牛でも、「ようこそ〱」と源左が言ってしぼると、牛が機嫌よくしぼらせるようになる、とあります。〔一三八〕では、「〔大意〕叱ってむごいことをするから、ひねくれるようになる。可愛がることだ」と源左は言います。

田を鋤かない仔牛は、すきなようにさせておき、そうしてから後で「〔大意〕牛《でん》よ、まあ歩こうよ、人さんに横着ものだって笑われるからなあ」と云うと、仔牛はこっとり〱と歩き出して鋤き始めたそうです〔一三九〕。〔一四〇〕の源左の言葉は動物に対する愛情にあふれています。田仕事の行き帰りに牛にかける言葉です（以下、大意）――「デンよ、今日もまた働きに行こうね。晩には御馳走してやるから、さあデンよ、出かけよう」「デンよ、今日は一日えらいめにあわせたなあ。帰りまで荷物を持たせて。デン一人には持たせりゃしないよ。おらもこの通り持って帰るからなあ」。

尾崎益三（「思出（四）」『前掲書』所収）によれば、源左は来訪する際に、下働きの男女にも土産物を持って来たのですが、それだけでなく「犬や猫や鶏や鯉や金魚に至るまで、何か手土産を携えて来ました。多くは芋の蒸したのでした。裏庭の池に来て鯉を見ると、『又今年もまめ〔元気〕で會へたなあ』と如何にも嬉しそうに云って、土産物をやってゐました。又裏に松の老木や公孫樹の大木がありますが、そこに行つて木に向つて何か親しげに話をしてゐるのをみました」とのことです。余談ですが、本書前章でふれた熊谷守一の次兄は「梨の木の兄」と呼ばれていました。それは、毎日のように梨の木をさすって、「もう春が近い」と言うからでした（『へたも絵のうち』22頁）。かなり気の弱い兄だったそうですが、源左と同じく植物と交流する能力があったのでしょう。

また、源左言行録の〔二四〕には、子供が障子を破っているのに、なぜ叱らないのか、と訊かれ、「（大意）子供の時分でなければ、破る時がないからのう」と、返答しました。子供の悪戯にたいしても寛大でした。

なお、物種吉兵衛についても、子供が好きだったと伝えられています。「彼は子供達に人気があった（中略）彼は子供心にも厳しくこわいところがあったが、たいへん温かく、ユーモラスで愉快な人であったという」（楠恭『妙好人　物種吉兵衛語録』29頁）。良寛や熊谷守一の例にみられるように、妙好人の特性の一つに、子供との交流があげられます（本書第一章の【子供が好き】参照）。

源左が荒れ牛を手なずける名人であったことは、前章の【母の死と山暮らし】でふれたように、熊谷守一が裏木曽にこもっていた頃の逸話と同じです。動植物に対する愛情が二人に共通してみられるわけです。妙好人の特性のひとつです。守一は「ただ当たり前に世話してやればいい」（『へたも絵のうち』92頁）と言うのですが、「当たりまえ」が常人には難しいようです。

源左は法話を頼まれると、「おらにゃ、たつた一つかないだけのう」（源左言行録の〔二六九〕）と言いました。話は「有難いという一念に盡きていた」（尾崎益三「思出（四）」『妙好人　因幡の源左』所収）そうです。これにすべてが込められていました。源左はいつも同じ言葉で、少しも珍しい事やお説教めいたことは話さなかったそうです（安岡しな「手紙（二一九八）」『前掲書』所収）。

源左の終焉

強健だった源左にも、人生の終焉が近づきます。死ぬ半年ほど前からあまり外に出なくなります。死ぬ時はとくに病苦を訴えもせず、静かに念仏して死んだそうです。老衰だったようですが、風呂場で転んだのが元で、それから十日ばかりの患いでした。昭和五（１９３０）年二月二十日、八十九歳で亡くなりました。

源左の余命がいくばくもないとき、やはり死にかかっていた友人の山名直次から使いが来ました。源左言行録の〔二二八〕によると、次のような問答がかわされます（大意）。

直次の使いは「念仏も出ない。安心して死ねそうもない。どうしたらいいのか」と訊いたそうです。源左は「念仏は称えんでいい。助かるにきめてもらっているから。念仏は後生の足しにはならない」と言いました。この言葉を伝え聞いた直次は「わからない。源左に喜んで死んでいけるか、訊いてくれ」と言います。源左は「わしも病がつらくて、喜びが出ない」と言います。直次は依然として「親様の慈悲がわからん」といいます。源左は使いに「今更、詳しいことは知らなくてよい。このまま死んでいけば親様のところだ」と伝えます。直次は「念仏を称えなければ気が済まない。称えてなにか邪魔になるのか、訊いてくれ」と、しつこい。源左は「よしよし、出る念仏は抑えなくてよい。称えても称えなくてもよい。邪魔にならない。何もこっちには要らないから。ようこそ〳〵、なんまんだぶ〳〵」と、答えると、直次はそれからは「なんと〳〵、ようこそ〳〵」と喜び、源左が死んだ翌日に往生を遂げたそうです（以上、棚田この直談・衣笠一省録）。源左は直次に絶対他力の法義を伝えたのでした。

源左は、鈴木大拙のいう「第一系列」が日常の「第二系列」に融け込んだ生活を送っていました（本章の【鈴木大拙の霊性的世界——讃岐の庄松——】参照）。源左ほど妙好人の特性を残らず持っている人物は少なかったでしょう。妙好人にも色々のタイプがありますが、この上なく円満な妙好人でした。

まとめ——「ようこそ〳〵」

本章では典型的な妙好人・因幡の源左の言行を取り上げました。本書第一章などで、妙好人であることの性格特徴を六項目ほど指摘しましたが、そのどれもが源左に当てはまります。そのうち、重要な特性として、⑥「還相的人格」があげられます。源左と接触する人は、それだけでも、その感化を受け、「有難い」と感じ入ります。家畜もそうでした。どんな荒れ牛も源左には従順になりました。誰もが源左との縁を待ち望んでいました。

源左にこの特性があったことは、源左の甥・足利元治の「思出（六）」（『前掲書』所収）からも明確です——「爺さんが来ると家中がなごやかになると、どこでも云はれました」。源左は法話をするのを好みましたが、むずかしいことは話しませんでした。足利元治（前掲文）は「源左爺さんのは何一つ話しても、他の人から聞かぬ話のみでした」と、ふりかえります。おそらく、話は色々でも「有難い」の一つに収斂するものだったのでしょう。

やくざ者が源左の家にとまり、「〔大意〕いくら自分のようなものでも、あのような人と一緒にいると、いい人間になるから」と、後で言ったそうです。

やさしさの中に威厳がある顔だったそうです。まさしく、「自信教人信《じしんきょうにんしん》」（みずから信じ、人を教えて信じさせること）の人でした。人に教えを垂れるような意識は全くもたず、親さん（仏）から貰ったものをそのまま裾分けしているので、自分が話すことは少しもない、と言います（源左言行録の〔一八〇〕）。

源左は積極的に法話をしたがったようです。源左は人の荷物を持ち、肩をもみ、灸をすえることを好みましたが、それは法話をするのにも都合がよかったからでした。源左は余命が幾ばくもなくなったとき、見舞いに来た偉い坊さん〔和上〕に「〔大意〕美濃に布教に行かれるそうだが、決して美《うつく》しい話をしないでください。皆を悦ばせるような話はせずに、ただ如来さんのお手伝いだけをしてください」と、言い残しました（源左言行録の〔一七六〕）。

その背中を見るだけでも、仏の有難さが身にしみてくるような人だったのでしょう。

源左は文字が読めませんでした。そのことを苦にするどころか、「〔大意〕字を知らなくてよかった。

根が悪人だから、お親さんにおすがりして今日まで過ごさせてもらった。なまじっか字が読めたりなんかしたら、とうの昔に間違いを起こしていたか分からないから」（源左言行録の〔一八四〕）と、謙虚な姿勢を貫きます。青谷町に賢い人がいて、盛んに法談をしていたのですが、その人のことを源左が聞いて、「〔大意〕ありゃあ利口だから、〔仏の声が〕聞こえないんだな」と、言ったそうです（源左言行録の〔一九一〕）。柳宗悦は、「源左の一生」（『柳宗悦　妙好人論集』２３９頁）で、「かくして文字の道を通して思索する機縁を持たずに終わった。だが彼は動的であった。知的ではなかったが行的であった。彼の信心は直ちに行いそのものに深まって行った」と、むしろ文字を知らないことで、信心が行動そのものと一体化したと指摘します。

源左の生活は、鈴木大拙がいう「無分別の第一系列世界」と「分別の第二系列世界」が融合したものでした。したがって、「仏法」と「生活」が乖離することで苦しむことはなかったようです。「眞俗二諦の御教へに、お流れ汲まして頂いとる身の上で御座いますけえなあ」（源左言行録の〔一六八〕）と、真・俗二諦の調和を重んじます。真諦とは仏法の道、俗諦とは世俗の道のことです。そもそも、真宗本願寺派第八代の蓮如が、仏法を立てるために外面では俗諦を尊重すべきこと（王法為本）を主張しました。ただし、蓮如の本意は「〔大意〕仏法を次にして、王法を本とすることが多いが、そうしてはいけない」ということです（『蓮如上人御遺言』）。源左は、蓮如の考えに従い、仏法だけでなく世間の取決め・慣習を尊重します。すでに、本章の【柳宗悦の「妙好人」論】で紹介した源左言行録の

〔100〕にも、世俗の労働を尊ぶ考えがみられます。
「お上《かみ》（朝廷）の御恩があつたればこそ、この有難い御代に遇はせて頂き、その上この有難いおみ法《のり》に遇はせて頂いたのだ。お上の掟《おきて》に叛かぬように、御恩の萬分の一をなりとも報ぜずにはおかれぬ」（高野須泰然「思出」（〔五〕）『妙好人因幡の源左』所収）と、働くことで社会に報いようとする意欲にあふれていました。このような態度は社会の矛盾に目をふさぎ、ひたすら体制に順応する受動的なものであるとの非難を呼びます。

しかし、外面生活はともかく、内面では、妙好人は宗教的な充実感をもって積極的に生きていたわけです。どのような不幸も因縁・宿業によるもので、仏の慈悲によって、悪人である自分が救われると確信することで乗り越えるべきものでした。ここで慚愧《ざんき》が歓喜に転換するという内面の変容が生じ、仏へ感謝する生活が始まります。災難を含め、あらゆる出来事が、如来の慈悲の働きかけによって、自分を仏とする存在になって、現れるものでした。源左が「ようこそ〳〵」と言うのは、そのような意味と思われます。ですから、単なる不幸なできごとではなく、迷いの世界から離脱せよという如来の催促でした。

卓越した妙好人には、若い頃、後生(死後)の問題に苦しみ、聞法の旅に出たという共通点があります。源左はもちろん、物種吉兵衛、三田源七は交通手段が発達していない幕末に求法の旅に出ました。その熱意が妙好人誕生の原動力であったわけです。こうした在俗の篤信の人々を生み出したのは、柳宗悦が1950年初出の「源左の一生」(『柳宗悦　妙好人論集』)で指摘したように、真宗の風土でした。妙好人を出さなくなったとすれば、そのことは真宗に宗教的な活力が失われてきたことの現れではないかとも言います。

柳が右記の発言をしてから、ほぼ七十年が過ぎていますが、寡聞にして妙好人が輩出しているとは耳にしていません。あるいは中国山地の奥にでも、妙好人が人知れず隠れ住んでいるのではないかと思わないこともないのですが、奥地では過疎化によって人そのものが消滅しかかっています。

あとがき――「熊谷守一は仙人ではなく、妙好人だった」――

これまで、近世末から近代にかけて生きた妙好人を取り上げ、その特質を吟味してきました。主に、良寛・因幡の源左・熊谷守一の言行を紹介しましたが、それ以外にも讃岐の庄松、浅原才市、物種吉兵衛、三田源七、三河の「おその」などの言行録にもふれました。こうした人達のうち、熊谷守一・良寛については、無条件に妙好人とは呼びにくいところがあります。特に守一については、妙好人とする見方はこれまでなかったでしょう。

本書のテーマは守一を妙好人とみなすことができるかどうかという問題です。まず、守一の伝記的な資料に基づき、守一がいかなる人間像を持っていたかを検討しました（第一、第二章）。また、妙好人が一般に共有する特性を抽出するために、旧来の典型的な妙好人を代表する人物を取り上げました（第三章）。そうすることで、守一がどのような妙好人としての特質を持っているかを確認しました。さらに、源左と守一の間に位置する人物として良寛にも登場を願ったわけです（第一章）。

「妙好人」という表現で讃えられるのは、まず、「真宗の篤信者」という条件に当てはまる人です。それと、妙好人は無学な下層階級であるのが普通です。多くは文字の読み書きがろくにできません。良寛は禅宗の僧侶ですし、熊谷守一は特にどの宗派に属しているという意識もないので、真宗の篤信者とはいえません。また、二人とも生まれはかなり裕福な素封家出身でした。こうしてみると、守一と良寛は旧来の妙好人とはかなり離れた人達とも思えます。

ただし、両人とも晩年のことですが「南無阿弥陀仏」の六字名号を書き、今は亡き子供の後生を願っていますし、良寛は他力信仰を理解しているような和歌を残しています。それは晩年に寄寓した木村家の離れが真宗の寺院と接していたことで、真宗の信仰と触れ合ったからだと考えられます。良寛の辞世に「良寛に　辞世あるかと　人問はば　南無阿弥陀仏と　言ふと答へよ」があることは知られています。それと、良寛はもともと宗派の意識が希薄であるともいわれています。宗旨の違いを気にせずにお経を詠むおおらかさがみられます。普通なら、『般若心経』は日蓮宗の檀家では詠みませんが、良寛ならやりかねません。家人に袖を引っ張られ、注意された話が知られています（『良寛禅師奇話』第四八話）。

熊谷守一はさらに妙好人の定義から離れているように思えます。確かに、真宗の信仰との縁が特に深いようにはみえません。しかし、守一には妙好人の特性とされるものが多く備わっています。良寛にも同様の特性がみられます。守一が良寛に似ているといわれる理由です。良寛が妙好人に近いのであれば、守一もまた疑似・妙好人と見なせます。また、体格と性格特性にも「細長型・内閉性」が同じくみられます（ただし、守一には「闘士型・頑固」という要素が混入しています）。両者には特に「内閉性」が共通して目立ちます。二人は妙好人の中核から離れてはいますが、妙好人の中に含まれるべき人物と考えられます。

二人は妙好人の特性をかなり共有しています。その特性について述べます。

妙好人の特性として、六項目があげられます。すでに、本書第一章の【妙好人の特性】や第三章の【柳宗悦の「妙好人」論】でふれましたが、ここでも六項目を再度まとめて示します。①所有欲・名誉欲が希薄であること、②生命を尊重し、動植物や子供への愛情が深いこと、③内省力・罪業感が強いこと、④不平不満ですら仏の慈悲に転換できること、⑤働き者であること、⑥還相的人格であること。以上の特質のうち、特に、良寛・守一・源左の「還相的人格」について、比較検討します。

浄土門の「往相・還相」の考えに従えば、一般には、「還相的人格」は周囲の人々に法義にふれる悦びを及ぼす人柄といえます。さらに、日常的な水準に敷延すれば、「清々《すがすが》しい気持ちにしてくれる人」ともいえるでしょう。鈴木大拙の表現を借りれば、「霊性的世界」に誘う人格です。良寛、熊谷守一、因幡の源左にはこの「還相的人格」が共通してみられるのですが、それぞれに質的な違いがみられます。たとえば、分かりやすい例として、源左と良寛を比べてみます。簡単に言い切ってしまうと、良寛は「消極的な還相性格」、源左の場合は「積極的な還相性格」と区別できそうです。どちらも他人を清々しい気持ちにさせる雰囲気を持つのですが、良寛は積極的に他人と接触して、法義を広める姿勢はみせなかったようです。

十八世紀後半頃に書かれた『良寛禅師奇話』（四七）にこの「消極的な還相性格」が明らかに示されています――〔大意〕師が我が家に二晩泊まられたが、そのとき、主人から使用人までお互いに和気あいあいとなって、師が帰ったあとでも、その雰囲気が数日家に充ちていた。師と一晩語りあうと胸の中は清々しくなる。師は内外のお経文を説き、善いことを勧めたりはしない（中略）ただゆったりとしているだけで、その有様をどう説明してよいのか分からないのだが、その人柄からにじみ出るものが人を教化するだけなのである――。この良寛の「消極的な還相性格」は良寛の「細長型体格・内閉的性格」に由来するものと考えられます。「世の中に　まじらぬとには　あらねども　ひとり遊びぞ　我は勝れる」という良寛の和歌が「内閉性」の性格であることを示しています。

因幡の源左も自ずと和やかな雰囲気をもたらすような人柄でした（足利元治「思出（六）」『妙好人因幡の源左』所収）。ただし、良寛にはないことですが、源左は積極的に法話を聞いてもらう工夫を凝らしています。法話を聞いてもらうのに負担を感じさせないように、源左は人の荷物を背負い、肩をもみ、灸をします。そうしている間に法話をするのだそうです。秋の収穫期が終わると、あちこちから招かれて法話をしにでかけました。誰もが源左爺さんとの縁にあずかりたがりました。その法話も「美しい話・悦ばせる話」よりも、「有難いという話」だったそうです。

柳宗悦は浅原才市を静的な「往相的人格」とし、源左を動的な「還相的人格」とします。確かに、源左は行動的でした。源左は文字を知らなかったので、信心をそのまま行動と一体化させました。その行動性は源左の闘士型体格に由来する「勤勉・実直」な性格と関連するでしょう。源左の「還相性格」は積極的・行動的なものでした。

熊谷守一については、「還相的人格」を説明するのが難しいのですが、良寛に準じたものと考えられます。それは、特性①にみられる無欲の人生から醸し出されるものだったと思われます。また、②の「生命が好き」もこれにからんでいるでしょう。一切の生きものへの共感です。守一の還相的人格を物語る逸話を紹介します。まず、守一は「遷延する寡作時代」がその半生に及び、ひどい貧乏生活を送りましたが、本当に困った時には、友人が守一を援助します。その援助がなければ、飢え死にするところだったわけです。守一には、援助をしないではいられなくなるような魅力的な雰囲気がありました。それと、そばに居るだけで、清々《すがすが》しい気持ちにさせるところもあり、童子のような澄んだ瞳が魅力的でした。そばに居るだけでも、心が静まる人柄でした。

また、守一が七十歳頃のことですが、守一の芸術にほれ込んだコレクター・村山祐太郎氏と小田原の海辺を散策したおり、村山氏が愚問を発したところ、守一は無言だったそうです。「言葉が返ってこなくとも少しも不快に感じさせず、むしろ温かさを思わせる、これも不思議な魅力の一つであった」とは村山氏の述懐でした（田口栄一『天真のふたり――熊谷守一と村山祐太郎の世界――』ゆりあ、1990年、57頁）。無言でたたずむだけで、温かさを醸し出す人格も「還相的人格」といえるものでしょう。

さらに、村山氏が守一宅を初めて訪れたのは昭和十七年夏でしたが、初対面の印象は一言でいうと「これは尋常の人ではない」でした。そして、脳裏に焼き付いたのは「普段鋭い眼光でしょうが、私を見る目は微笑していた。なんと澄んだ魅力的な目であろうか、とこの一瞬を、私は八十歳を越えた今日に至るまで、感動なくして思い出すことはできない」（『前掲書』35頁）というものでした。また、日本経済新聞社の文化部記者で、守一の口述を記録した田村祥蔵氏（『仙人と呼ばれた男』67頁）は「会って話を伺ったあとは、いつも晴ればれとした感動が残った」と、述懐します。さて、以上の逸話から推測できる「還相的性格」が仏教もしくは宗教的な背景を持つかどうかが問題です。

すでに、無欲な生活が「還相的性格」の源泉ではないかと指摘しました。この「無欲」は、突き詰めると、守一の「内閉性」から発するのではないかと思えます。「人を押しのけて前に出るのが大きらい」「退き退き生きるのが性に合っている」と、守一は自分の性格を指摘します。また、守一には闘士型の体格に由来すると思われる「粘着質」の性格が混合しているようです。その性格特性は「頑固」でしょう。融通が利かないという性格は創作面にもうかがわれます。「名誉や金はおろか、『ぜひすばらしい芸術を描こう』などという気持ちもない」（『へたも絵のうち』42頁）という無欲に加え、子供が病気になって暮らしに困っても、そのために絵を描こうという気持ちもおきませんでした。描く気がなければ、どんな状況でも絵筆を執ろうとしません。守一の「寡作時代」は長く、画歴の前半がそうでした。五十歳代後半に入ってから創作活動が活発になりますが、前半生の経済的な困窮は伝説的なすごさだったようです。それでも、守一は画業を放棄しませんでした。寡作とはいえ、着実に作風を完成させてゆきます。七十歳代の中頃が完成期でした。それ以降、最晩年の数年を除き、創作活動は衰えませんでした。

守一の絵は動植物を描く過程で、それらとの交流を楽しみ、自然の摂理と一体化する方向に向かうものだったようです。寡作時代では、そのような自然（宇宙）との共鳴が制作過程でまだ十分に刺激されていなかったのでしょうか。

他方では、「あの世」「彼岸」「神仏」などの世界を感じ取るところがありました。つまり、外の世界よりも内の世界に心が向いていたようです。「南無阿彌陀佛」の六字名号を何度か書いているのですが、「ほとけごころがあるから書く気になるのです」（『熊谷守一の書』42頁）といいます。また、「往生はなむあみたふて事たれりこれより外を思ふべからず」という言葉も書き残しています。

守一に宗教的な感性があることは、特に、東京美術学校を出た翌年、樺太で風景画などを描く調査の仕事に従事したとき、アイヌ人の姿に神々しさを感じ取ったことに明確にみられます。アイヌの老人が二人小舟をゆっくりこいでいる光景です。また、アイヌの漁師がひざをかかえて一列に並んで海の方をぼんやりながめているのを見て、感心しています。彼らは一日分の食糧がとれると、それでやめてしまうのだそうです。このとき、守一は二十五歳の青年でした。守一の宗教的な感情の源泉がこの逸話にうかがわれますし、画家としても宇宙と同化する境地に到達できる素質の持主であることを思わせます。守一の代表作『へたも絵のうち』（述）の中で、このアイヌ人にかかわる部分が最も感動的な場面でしょう。

守一は「わたしに信心があるかといえば、あるでしょう。あると思います」と、言います。その「信心」が何を示すかは分かりにくいのですが、守一の書画作品は物の本質に迫り、宇宙の呼吸と同化し、この世を超越した神聖な存在に近づくものでした。ただし、出来上がった作品そのものには執着せず、描くという過程そのものを楽しんだようです。

このようにみると、守一の人格に「還相的」「宗教的」といった要素があるように思えます。それと、守一には妙好人の特性①②が濃厚にみられます。これらは良寛にも、また源左にも顕著にみられる特性です。⑥の「還相的」が①②に由来することはすでに指摘しました。①②は、良寛や守一の場合は、生まれつきの性格に由来する面はあるのですが、仏教の「少欲知足」「慈悲」の具体的な姿に外ならず、仏教徒の究極的な修行目標です。

「妙好人」という語を「念仏する者」の意味で用い、念仏者を「上々人・稀有人・最勝人」とも表現したのは唐代の善導（６１３～６８１）からだったようです。これを承けて、法然・親鸞も「妙好人」という語を用いたことから、真宗の枠内でこの用語が定着したという歴史的な背景があります。中世では妙好人と呼ばれるのは「浄土門の篤信者・念仏行者」に当たる人でしたが、この用語は一般には広がらず、近世末になってから「下層の貧しい真宗の篤信者で、文字を知らないことが多い」という範囲に狭められて、実在の人物を媒介に使用されました。その典型が『妙好人伝』十二巻本です。また、国法遵守・本山崇敬などの考えが付け加えられ、その時代の教団に都合の良い理想的な信者像として敗戦まで敬われました。

ところが、戦後は「ひろく宗教的性格をもった篤信者」の意味に広げられる傾向があります。つまり、真宗という限定がとりはらわれるわけです。その一例として、良寛があげられます。楠恭・金光寿郎（『妙好人の世界』27〜28頁）は、「必ずしも念仏によらなくても、念仏行者が念仏によって達したと同等の境涯に達した人を妙好人と呼んでも不都合はない（中略）例えば良寛さんの行動を拝見していますと、これはもうまさに妙好人とお呼びしてもいいのじゃないか」と、いいます。このように、妙好人の特質をおさえておけば、あえて真宗の範囲に限定する必要もなくなります。

妙好人の特質として六箇条をあげましたが、それらがよく当てはまるのは因幡の源左です。また、熊谷守一についても、六箇条の多くが当てはまることから、妙好人的な人格とみなせます。本書で妙好人の重要な特質として特に注目したのは「還相的人格」です。この特質の持主は他の特質の多くを同時に持つのが普通です。こうした「還相的」人格の持主を妙好人とみなすとすれば、妙好人の範囲は広がります。ただし、「人格的光」を発する「還相的人格」は今も昔もそう簡単には見つからないでしょう。「人格的光」は鈴木大拙の言う「無分別の第一系列」と「分別の第二系列」が融合した稀有で不思議な人間から発せられるからです。熊谷守一は絵を描く過程で自然・宇宙の命と一体化したことから、現代の妙好人と呼べる珍しい人でしょう。守一は真宗の篤信者ではないのですが、宇宙の摂理につながる「生命」そのものを愛《いと》おしみ、それ以上のことには執着しなかった「稀有人」、すなわち、「妙好人」と思われます。ただの浮世離れの仙人ではありません。

二〇一九年八月　岸田緑渓

本書に登場する「妙好人」（物故者に限る）

赤尾の道宗（?〜1516）
出羽弥左衛門（生没年未詳）
大和の清九郎（1680〜1750）
良寛（1758〜1831）
豊前の新蔵（?〜1840）
三河のおその（1777〜1853）
讃岐の庄松（1799〜1871）
物種《ものだね》吉兵衛（1803〜1880）
因幡の源左（1842〜1930）
三田《さんた》源七（1846〜1935）
浅原才市《さいち》（1850〜1932）
熊谷守一（1880〜1977）
榎本栄一（1903〜1998）

図版引用文献（本文中に表示したものを除く）

『守一のいる場所　熊谷守一』求龍堂、２０１４年
『熊谷守一　守一ののこしたもの』岐阜新聞社、２００４年
『熊谷守一作品撰集』（編者・木村定三）日本経済新聞社、１９６９年
『浄土仏教の思想』第十三巻、講談社、１９９２年
『別冊太陽　良寛』平凡社、２００８年

● 著者プロフィール

岸田緑渓（きしだ りょくけい）

昭和 20 年　島根県生まれ。
元セント・アンドルーズ大学客員研究員
現在、浄土真宗本願寺派僧侶
現住所　〒 177-0033　東京都練馬区高野台 5-9-4
電話　03-3996-8525

妙好人列伝 ― 熊谷守一はなぜ妙好人なのか ―

発　行	2020 年 1 月 15 日　第 1 版発行
著　者	岸田緑渓
発行者	田中康俊
発行所	株式会社　湘南社　http://shonansya.com 神奈川県藤沢市片瀬海岸 3 － 24 － 10 － 108 TEL　0466 － 26 － 0068
発売所	株式会社　星雲社 東京都文京区水道 1 － 3 － 20 TEL　03 － 3868 － 3275
印刷所	モリモト印刷株式会社

ISBN978-4-434-26978-3　C0015

岸田緑渓著

日本の葬送儀礼

―起源と民俗―

「カラスが鳴くと人が死ぬ」、「死者の着物に水をかける」、「香典に赤飯を持ち寄る」、「意味のわからないお経を聞く」、「幽霊が三角巾をつけるのはなぜか」など、葬送儀礼の起源・民俗について三十一項目にわたり論考します。

ISBN978-4-434-17134-5 ● 四六判 324 頁 ● 2000 円 + 税

湘南社

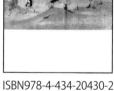

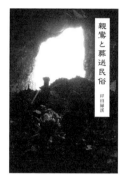

岸田緑渓著

白骨に学ぶ

——人道の苦・不浄・無常相——

野辺に白骨がころがる時代から、これを尊重・保存する建墓の時代を経て、再び無墓の方向に揺れ動く葬送の変容をたどります。

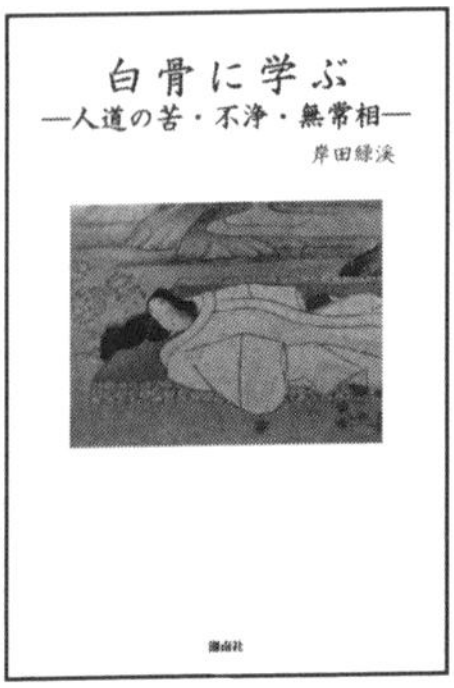

ISBN978-4-434-25480-2 ● 四六判 256 頁 ● 2000 円 + 税

湘南社